« RESTE À TA PLACE ! »

SÉBASTIEN LE FOL

« RESTE À TA PLACE ! »

Le mépris, une pathologie bien française

ALBIN MICHEL

À mes parents
À Sofia, Roxane et Darius
À Denis Tillinac †

« – Que voulez-vous dire quand vous écrivez qu'il voyait en vous "l'arrogance de l'échec" ?

– Il voyait probablement en moi ce qu'on voit chez toute personne non reconnue mais ambitieuse. »

James Salter, *Salter par Salter*

Introduction

La France n'en a pas fini avec le mépris. Ce mal, presque anthropologique, la ronge depuis des siècles. La société de cour et d'ordres d'Ancien Régime était irriguée par « une cascade de mépris qui tombait de rang en rang », selon un philosophe du XIXe siècle. Il n'y a plus en apparence ni noblesse, ni clergé, ni tiers état. Mais cette pathologie est toujours là, plus que jamais même.

La révolte des Gilets jaunes a ravivé le mépris de classe. La crise de la Covid a réveillé le mépris corporatiste. L'offensive des « minorités visibles » nous renvoie au temps du mépris de race. Mais si on y regarde de plus près, une bonne part de notre vie en société repose encore sur ce phénomène si français. Au sein de l'État, l'énarque sorti dans la botte regarde de haut tous ceux moins bien classés. L'hôpital public méprise la clinique privée, et le médecin, le pharmacien. Paris snobe la province. Le bobo des villes, surdiplômé et nourri au bio, considère le « plouc » qui roule en diesel et achète du Nutella pour ses enfants comme un survivant de

Tchernobyl. Aux César, le cinéma d'auteur se moque de la comédie.

Le fruit de ce mépris ? Le ressentiment. Le débat franco-français se focalise encore et toujours sur la redistribution des richesses. C'est la dignité et l'estime qu'il conviendrait de mieux partager. Les gens parvenus en haut de la pyramide par la voie royale envoient un message terrible à destination non seulement des personnes qui tentent de monter dans l'ascenseur social, mais aussi de celles qui veulent juste rester à leur étage tout en étant considérées : « Reste à ta place. » Résultat : beaucoup de Français ne trouvent plus leur place.

Le mépris en France est institutionnalisé. Notre pays « reste très largement une société de connivence et de privilèges [...] La rente est triomphante : dans les fortunes foncières, dans la collusion des privilèges, dans le recrutement des élites ». Cette phrase n'est pas extraite d'un discours de Jean-Luc Mélenchon ou d'un manifeste des Black Blocs. Elle figure, noir sur blanc, dans le rapport de la commission pour la libération de la croissance française commandé en 2008 par le président de la République – Nicolas Sarkozy – à Jacques Attali. Le rapporteur adjoint de ladite commission était un certain Emmanuel Macron.

Hiérarchisée, cloisonnée et centralisée, notre organisation sociale est encore largement gouvernée par les préséances, les codes et les usages. Même si les réseaux sociaux ont commencé à rebattre les cartes. Les grandes écoles, les grands corps et les cercles d'influence déterminent votre rang dans la société. Un diplôme obtenu à l'âge de 20-25 ans délivre les meilleures places : dans la corbeille ou au premier rang des premières et deuxièmes loges face à la scène.

Notre société égalitariste continue à valoriser ce modèle régalien de réussite. Ceux qui s'en affranchissent, par nécessité ou par choix, le paient au prix fort. Ce sont les partis de rien, les autodidactes, les étrangers, les outsiders, les sans-grade, les self-mademen, les travailleurs manuels, les gens nés du « mauvais côté du pont »... Personne ne les attend. Ils doivent développer des stratégies de contournement, compenser leurs lacunes, se faire accepter. Parvenus en haut de l'échelle, on les regarde encore avec suspicion. « Illégitimes », « inconvenants », « troubles »... Loin de bloquer leurs ardeurs, le mépris a exacerbé leur envie de réussir. Il a été leur moteur. Ce n'est pas le moindre des paradoxes du système français : la défiance ne peut être vaincue que par une confiance exceptionnelle en soi. On ne fait tomber ses citadelles qu'au prix d'une agilité et d'une résilience hors norme.

Le mépris vous donne la force d'affronter les humiliations, les portes fermées, les traits d'esprit assassins, comme dans le film de Patrice Leconte, *Ridicule*. Il vous laisse aussi un goût amer, une rage parfois. Tant d'énergie dilapidée à conquérir une légitimité de façade, à compenser les lignes creuses de son CV, à redorer une carte de visite un peu terne, à faire oublier une adresse si peu chic...

Ce voyage au pays du mépris sera ponctué de visites à ce que j'appelle des « monuments de Paris ». Ce sont des personnalités qui occupent une place de choix dans le paysage français. J'ai choisi un « monument » par discipline. La politique avec l'ancien président de la République Nicolas Sarkozy. L'économie avec le Prix Nobel Jean Tirole. La philosophie, Marcel Gauchet. Les médias, avec la présidente de France Inter, Laurence Bloch. La haute administration avec l'ancien secrétaire général de l'Élysée Jean-Pierre Jouyet. Le syndicalisme avec Laurent Berger, secrétaire général de la CFDT. Et enfin toutes ces disciplines en même temps en la personne de Jacques Attali !

Le terme « monument » est trompeur. Un monument est par définition statique. Or mes témoins se sont illustrés par leur mobilité et leur agilité. Mais ils ont tous fini par occuper les meilleurs balcons sur la société française.

On parle du plafond de verre français. À raison. Un plafond, ça se brise. Mais les éclats de verre provoquent des plaies qui ne se referment jamais. Même chez ceux qui ont tutoyé la gloire. C'est le moment de se rappeler la célèbre sentence de Talleyrand appliquée à l'encontre des émigrés : « s'ils ont beaucoup appris, ils n'ont rien oublié ». Je l'ai constaté au cours de ces derniers mois passés en compagnie de Nicolas Sarkozy, d'Anne Hidalgo, de François Pinault, de Fabrice Luchini, de Cyril Hanouna, de Bernard Tapie, d'Éric Dupond-Moretti, de Michel Onfray, de Laurent Berger et de tant d'autres rescapés du mépris français. Personne ne les attendait. Ils ont déjoué les pronostics et conquis leur place.

Leur histoire est celle d'une pièce du répertoire national : tantôt tragédie, tantôt comédie.

1

« Reste à ta place ! »

Mai 2010. Je couvre le Festival de Cannes pour *Le Figaro* en compagnie d'une bande de joyeux drilles. Il en faut, de la bonne humeur, pour subir la Palme d'or de cette année-là : *Oncle Boonmee*, d'Apichatpong Weerasethakul. Les (interminables) dernières heures d'un apiculteur sous dialyse.

La directrice de la communication de Canal+ m'a convié à sa projection officielle. La date avait été fixée à l'aveugle, sans connaître le film présenté ce jour-là. On m'a demandé de jouer les chevaliers servants d'une patronne du luxe. J'ai enfilé le smoking de rigueur pour la montée des marches. La voiture nous dépose au bout du tapis rouge. Je lève les yeux : l'entrée du palais des Festivals me paraît l'Himalaya. Je ne suis ni alpiniste ni acteur. Je n'ai rien à faire là. Alors que nous avons à peine accompli un tiers du parcours, un mouvement de foule désordonné se produit. Ma cavalière est emportée. Je me retrouve seul face à un mur de photographes hurlant. Une voix se détache de ce pack hargneux :

– Reste à ta place, tu vois pas que tu gênes !

C'est bien moi, le problème. Les objectifs scrutent la personne qui me suit sur le tapis : l'actrice Emmanuelle Béart. Et attendent que j'aie déguerpi pour la mitrailler. La formule, terrible, revient comme un mantra chez celles et ceux qui ont souffert du mépris français.

– C'est terrible d'entendre ce « Reste à ta place ». C'est quoi, « ta place » ?

Le cri du cœur d'Élisabeth Moreno est spontané[1]. Ce n'est pas la ministre déléguée, chargée de l'Égalité entre les femmes et les hommes, de la Diversité et de l'Égalité des chances, qui exprime sa rage. Mais plutôt la fille de pauvres, l'immigrée cap-verdienne, qui a été souvent jugée au cours de sa vie, y compris dans son brillant parcours professionnel chez Dell, Lenovo et Hewlett-Packard.

« Reste à ta place » : Idriss Aberkane, l'auteur de *Libérez votre cerveau*[2] *!*, connu pour ses conférences sur l'économie de la connaissance, a intitulé ainsi le rap qu'il a écrit avec Lord Esperanza, après la parution d'articles l'accusant d'avoir arrangé la présentation de son CV. « Ta » place ? Quelle place ? La trouve-t-on jamais, sa place ? La romancière Annie Ernaux a écrit un beau livre sur cette douleur, qui s'intitule justement *La Place*.

– Ce livre a mis des mots sur ce que j'ai ressenti lorsque j'ai changé de statut social, me dit Olivier Dussopt, le ministre délégué chargé des Comptes

1. Entretien avec l'auteur, 21 décembre 2020.
2. Robert Laffont, 2016.

publics. Mon milieu d'origine ne me reconnaissait plus tout à fait comme l'un des siens. Et le nouveau monde ne me considérait pas comme tel. Quand on s'élève, on ne trouve jamais tout à fait sa place.

Qui est l'émetteur de ce « Reste à ta place » ? Il n'est pas toujours défini. C'est, le plus souvent, le monde où l'on aimerait être admis mais qui refuse de nous reconnaître : la haute finance, l'université, les cénacles artistiques, le milieu littéraire, la télévision… Ce sont aussi les pouvoirs établis, les corps constitués. Les politiques, de gauche et de droite, désignent tous « la noblesse d'État » et les médias.

Quand on n'est pas attendu, le mépris nous marque au fer rouge.

– C'est une sensation terrible. On n'en guérit jamais vraiment, me confie l'entrepreneur François Pinault, qui a bâti un empire, d'abord dans le bois puis la distribution et dans le luxe ; il est par ailleurs propriétaire du *Point*.

Au début des années 1980, le Breton « monte à Paris ». Il a bien réussi dans l'Ouest. Son entreprise emploie une cinquantaine de personnes. Il loue des petits bureaux avenue de Messine. Un jour, sa secrétaire, qui travaille encore à ses côtés, lui annonce : « M. Ambroise Roux au téléphone. »

L'entrepreneur se demande s'il ne s'agit pas d'un canular. Que peut bien lui vouloir le parrain du capitalisme français ? Il prend le combiné. Roux lui donne du « cher ami » et lui propose de venir le voir rue

Margueritte, où il s'est installé après son éviction de la CGE.

Ambroise Roux vient de créer l'Afep, l'Association française des entreprises privées, qui réunit le gratin des patrons, et souhaite que François Pinault y entre. Surpris, ce dernier accepte néanmoins. Il se rend à la première réunion, qui est suivie d'un dîner. Personne ne lui adresse la parole. Le scénario se reproduit lors de la deuxième soirée.

– Je ne suis pas allé à la troisième réunion, se souvient François Pinault[1]. J'ai dit à Ambroise Roux : « Ces gens-là n'ont rien à me dire ou peut-être est-ce moi qui n'ai rien à leur dire. » Pour eux, j'étais le cul-terreux breton. Par leur attitude dédaigneuse, ils voulaient me signifier que je n'étais pas à ma place parmi eux. Ce que François Pinault dit du monde des affaires, Fabrice Luchini[2] le pense aussi de la grande famille du cinéma.

– Jusqu'à ce que je tourne *Les Nuits de la pleine lune* (d'Éric Rohmer), on me faisait comprendre que je n'étais pas de la famille, se souvient-il.

Il n'était pas un enfant de la balle, mais le fils de marchands de fruits et légumes, et son premier métier était la coiffure.

« Je me suis longtemps senti surnuméraire », écrit de son côté l'ancien président Nicolas Sarkozy dans son

1. Entretien avec l'auteur, 24 mars 2021.
2. Entretien avec l'auteur, 25 mai 2021.

livre *Passions*[1]. Après le divorce de ses parents, il raconte que sa mère et lui ne se sentaient « nulle part à [leur] place » dans la société corsetée des années 1970 :

– Est-ce pour cela que j'ai fait ce que j'ai fait ? Peut-être, confie-t-il[2]. Je ne m'auto-psychanalyse pas. Vous savez ce que disait Freud ? Quand vous n'avez pas de problème pour aimer ou travailler, c'est que vous n'avez pas besoin de psychanalyse.

Il existe bien d'autres mots pour signifier son mépris à une personne. « Brave », par exemple. Le garde des Sceaux, Éric Dupond-Moretti[3], qui me reçoit dans son bureau, l'assume, le revendique presque :

– Je préfère que l'on dise que je suis un brave mec. « Brave », c'est un compliment. Chez les gens modestes, « gentil », c'est un compliment. Chez les bourges, c'est condescendant : gentil comme un chien ! D'ailleurs, la bienveillance n'est plus tellement au rendez-vous de nos rapports humains. Plus aucun domaine n'échappe à ce manichéisme.

1. L'Observatoire, 2019.
2. Entretien avec l'auteur, 7 janvier 2021.
3. Entretien avec l'auteur, 7 janvier 2021.

2

« Il y avait comme une cascade de mépris... »

Le mépris en France a une histoire particulière. Il est le ciment de la société de cour, qui a transformé les sensibilités et les comportements aux XVIIe et XVIIIe siècles, comme l'a montré le sociologue allemand Norbert Elias[1]. Mais dans notre pays, il a cristallisé plus qu'ailleurs. Car c'est chez nous que l'esprit de cour a été poussé à son paroxysme, sous Louis XIV.

Le mépris français a été analysé avec finesse par un moraliste dénommé Joseph Droz (1773-1850). En 1839, ce natif de Besançon rédige un essai au titre interminable : *Histoire du règne de Louis XVI pendant les années où l'on pouvait prévenir ou diriger la Révolution française.* Et voici ce qu'il écrit à propos de notre société de cour :

« Tous ces degrés, toutes ces nuances mettaient dans la situation de beaucoup de personnes quelque chose d'incertain, d'équivoque ; et il en résultait qu'un homme pouvait facilement en humilier d'autres, sans être garanti de se voir humilier à son tour. Celui qui, dans cette

1. *La Société de cour*, Flammarion, 1984.

société, passait pour *homme comme il faut* perdait cet avantage lorsqu'il arrivait dans telle autre. Chacun essayait d'effacer la distance qui le séparait de la classe supérieure à la sienne, et mettait l'amour-propre à maintenir son rang, surtout à l'égard de ceux qui lui étaient immédiatement inférieurs. » L'auteur prend des situations très concrètes pour se faire comprendre : « L'homme de cour parlait d'un ton plus poli au bourgeois, avec lequel il ne craignait pas d'être confondu, qu'au noble de province sur lequel il était bien aise de constater sa supériorité. Les *gens de rien* n'étaient pas toujours des roturiers : ces mots signifient, dans telle bouche, ce sont des anoblis, et dans telle autre, ce sont des gens de robe. Il y avait, qu'on me passe cette expression, il y avait comme une cascade de mépris qui tombait de rang en rang, et ne s'arrêtait point au tiers état ; le juge d'un petit tribunal avait pour le marchand un dédain que celui-ci rendait à l'artisan. Tous ces froissements de l'amour-propre, si facile à blesser en France, furent une des grandes causes du mécontentement général qu'on observait dans la société, aux approches de la Révolution. »

Près de deux siècles après les observations de Droz, le mal est-il toujours là ?

– Cette verticalité méprisante était caractéristique de l'Ancien Régime, qui était construit sur l'inégalité, explique l'historien Jean-Christian Petitfils[1]. Or, nous vivons aujourd'hui dans une société égalitaire.

---

1. Entretien avec l'auteur, 19 mars 2021.

L'excellent biographe de Louis XIV et de Louis XVI[1], diplômé de Sciences Po, licencié en droit public et histoire, fut banquier dans une première vie. Je lui demande s'il a été regardé de haut par les historiens de l'université lorsqu'il a publié ses premiers ouvrages. Il me répond par l'affirmative et nuance son analyse initiale :

– En effet, on peut dire que certains jeux de mépris subsistent dans la France de 2021. La noblesse que constitue l'élite républicaine issue des grandes écoles a tendance à reproduire ce système. La rivalité entre les grands corps ressemble beaucoup à celle qui opposait les nobles d'Ancien Régime.

La conversation avec Jean-Christian Petitfils m'a alerté. Quand je lui ai exposé *intellectuellement* la thèse de mon livre, il l'a considérée avec scepticisme. Mais lorsque je l'ai interrogé *personnellement* sur son rapport au sujet, il a revu son jugement.

Nous ne vivons plus dans une société d'Ancien Régime. Mais « la Révolution française n'a jamais été terminée », comme écrit l'ancien Premier ministre Dominique de Villepin dans son brillant *De l'esprit de cour*[2]. Chateaubriand a résumé avec brio l'histoire de l'aristocratie : l'âge des supériorités a laissé place à l'âge des privilèges, puis à l'âge des vanités. Le sang a juste changé de couleur. Il n'est plus bleu. Mais il irrigue encore nos veines de mille façons différentes.

1. Livres publiés chez Perrin en 1995 et 2005.
2. Perrin/Albin Michel, 2010.

3

Coronamépris

Début janvier 2021, je prends un café avec un fin connaisseur des rouages de l'État. La discussion tourne autour du lent démarrage de la vaccination en France.

– Il ne faut pas s'étonner de cela, me dit-il. Cette crise est gérée par les hauts fonctionnaires de la Santé. Ce sont les plus mauvais.

Mon interlocuteur a un point en commun avec ceux qu'il désigne comme responsables de notre fiasco vaccinal : il a fait l'ENA. Il a décroché une des premières places au classement de sortie de cette école, ce qui lui a permis de choisir son affectation dans une administration supposée prestigieuse : l'Inspection générale des Finances.

– Généralement, ceux qui obtiennent un rang médiocre finissent dans des administrations moins clinquantes, comme la Santé, précise-t-il.

C'est la première fois que j'entends exprimée de manière aussi crue cette « résurgence du mépris » décrite par le moraliste Droz.

On a vu que la Covid avait le pouvoir de réactiver des virus et des maladies tapis dans notre organisme. Cette épidémie a agi de même sur le corps social français. Elle a exacerbé « tous ces froissements de l'amour-propre ».

Quelques semaines après mon rendez-vous, je vais voir cet engrenage se mettre une fois de plus en place. Par une circulaire du 5 mars, la Direction générale de la Santé autorise les pharmaciens à prescrire et à administrer les vaccins anti-Covid.

Afin de répondre aux besoins des officines, il prévient à la dernière minute les médecins qu'ils ne pourront provisoirement plus passer commande du vaccin AstraZeneca. Tous les rendez-vous planifiés dans les cabinets médicaux doivent être annulés.

L'État Ubu a encore frappé. Cette décision provoque des réactions en chaîne au sein du corps médical. Toutes les professions dénoncent un même mal : le mépris de leurs compétences. Sur son site, le syndicat MG France, qui représente les médecins généralistes, publie un florilège des témoignages recueillis auprès de ses adhérents et adhérentes. L'une s'exclame : « Le conseil de l'ordre des pharmaciens doit être bien plus puissant que celui des médecins. Quel scandale. Je suis prête à fermer mon cabinet en protestation. »

Dans un communiqué, 24 organisations d'infirmières s'estiment aussi méprisées. On les autorise à vacciner sans que la présence d'un médecin soit requise, mais les patients qu'elles traitent doivent être munis d'une prescription médicale !

« Pour la technostructure, écrivent ces organisations, [la vaccination] peut se passer dans l'arrière-boutique d'une officine, au milieu des cartons alors que la pharmacie est pleine de clients. » Les pharmaciens apprécieront l'allusion méprisante… Ainsi fonctionne le système corporatiste français : le méprisé méprise à son tour.

On peut compter sur la technostructure française pour entretenir cette disqualification hautaine. De manière générale, la gestion de cette crise a été plus ostracisante qu'ailleurs en Europe. Dans les mots autant que dans la prise de décision.

Une phrase l'illustre jusqu'à la caricature. Elle a été prononcée le 24 novembre 2020, sur l'antenne de France Info, par le professeur Rémi Salomon, président de la commission médicale d'établissement de l'AP-HP : « Il ne faut pas manger avec Papi et Mamie. Même à Noël […] On peut aller chez Papi et Mamie à Noël, mais on ne mange pas avec eux. On coupe la bûche de Noël en deux. Papi et Mamie mangent dans la cuisine et nous, on mange dans la salle à manger. »

Brillamment déconstruite par Mathieu Laine dans son essai *Infantilisation*[1], cette « rhétorique infantilisante » est l'expression paroxystique du mépris français.

Raymond Aron déplorait en son temps « l'hostilité à l'égard des gouvernants, le refus du citoyen de se placer du point de vue de ceux qui gouvernent et d'examiner, comme ceux-ci sont contraints de le faire, les problèmes à résoudre[2] ». Le soupçon perpétuel est le poison de la

1. Les Presses de la Cité, 2021.
2. *Chroniques de guerre*, Gallimard, 1990.

démocratie. Mais pour que les citoyens aient envie de « se placer du point de vue » de ceux qui les dirigent, encore faut-il que ces derniers fassent preuve d'un minimum d'empathie à leur égard, sollicitent leur expertise, considèrent leurs idées.

Il n'y a pas que les infirmiers et les médecins qui s'estiment dédaignés. Les élus locaux aussi, qui reprochent au pouvoir central de ne jamais leur avoir fait confiance, les laboratoires vétérinaires, que l'administration de la Santé ne jugeait pas compétents pour effectuer des tests au printemps 2020, les hôpitaux et les cliniques privés, dont les lits ont été snobés au début de la crise… Et la cascade maléfique ne s'arrête pas là.

– La crise de la Covid a révélé l'ampleur du mépris produit par notre système bureaucratique, explique le maire de Cannes, David Lisnard[1], qui a publié une tribune retentissante sur le sujet en novembre 2020[2]. Cette technostructure méprise par-dessus tout la vérité. Sur les masques, les tests, et les vaccins, elle a menti. Elle ne reconnaît jamais ses erreurs. Elle est sûre d'elle. Elle tient à sa position dominante. Surtout, ne pas s'abaisser au niveau des autres. À ses yeux, les maires restent des bouseux.

C'est dans l'adversité que l'on juge les ressources d'un pays. Le corset qui enserre la France nous a privés

1. Entretien avec l'auteur, 6 mars 2021.

2. « La crise du Covid révèle la folie bureaucratique française », *Le Figaro*, 15 novembre 2020.

du plus précieux des anticorps : notre intelligence collective.

Tocqueville : la fable des perruquiers et des boulangers

Pour comprendre la France, il faut sans cesse revenir à Alexis de Tocqueville. La lecture de *L'Ancien Régime et la Révolution* est toujours aussi éclairante. Elle demeure la meilleure analyse qui ait été faite de notre société.

« Il semble que le peuple français soit comme ces prétendus corps élémentaires dans lesquels la chimie moderne rencontre de nouvelles particules séparables à mesure qu'elle les regarde de plus près, écrit-il. Je n'ai pas trouvé moins de trente-six corps différents parmi les notables d'une petite ville. Ces différents corps, quoique fort menus, travaillent sans cesse à s'amincir encore ; ils vont tous les jours se purgeant des parties hétérogènes qu'ils peuvent contenir, afin de se faire réduire aux éléments simples. Il y en a que ce beau travail a réduits à trois ou quatre membres. Leur personnalité n'en est que plus vive et leur humeur plus querelleuse. » Et d'ajouter : « Tous sont séparés les uns des autres par quelques petits privilèges, les moins honnêtes étant encore signes d'honneur. Entre eux, ce sont des luttes éternelles de préséance. [...] Si l'on accorde à l'un des corps le pas sur l'autre dans l'assemblée générale des notables, celui-ci cesse d'y paraître ; il renonce aux affaires publiques plutôt que de voir, dit-il, sa dignité ravalée. »

4

Le mépris est un sentiment

– Pour être méprisant, il faut avoir une certaine aisance sociale et une haute idée de soi, me fait observer Fabrice Luchini[1]. Mes parents vendaient des fruits et légumes…

« Le mépris est la carte de visite des imbéciles », disait l'humoriste Pierre Dac. Mais qu'est-ce donc que le mépris ? J'ai entendu ce mot maintes fois au cours de mon enquête. La plupart des personnalités ne pouvaient pas le prononcer sans faire ce geste de la main que l'on utilise pour chasser les mouches. Et un même rictus pouvait se lire sur leur visage : leur nez remontait légèrement. J'ai découvert par la suite que l'expression faciale du mépris avait été identifiée par le grand naturaliste Charles Darwin, auteur de *L'Origine des espèces*. Deux éminents psychologues américains, Ekman et Friesen[2], l'ont étudiée dans les années 1980. Selon leurs recherches, nous

1. Entretien avec l'auteur, 25 mai 2021.

2. Ekman, P., et Friesen, K. G., « The Universality of a Contempt Expression. A Replication », *Motivation and Emotion*, 1988.

exprimons notre mépris par un « léger resserrement du visage et une levée du coin de la lèvre, uniquement d'un côté du visage ». Il semblerait que cette expression faciale se retrouve dans un grand nombre de cultures.

Le mépris est d'abord un sentiment : celui par lequel « on ne tient pas en prix », comme l'indique le dictionnaire Littré. On lit ailleurs que c'est « une émotion intensément négative », très proche du dégoût. Un professeur de philosophie américain, Robert C. Solomon, place le mépris au même niveau que le ressentiment et la colère. La différence entre ces trois émotions, selon lui, est que « le ressentiment atteint directement le statut de supériorité d'un individu ; la colère directement le statut d'égalité ; et que le mépris concerne directement le statut d'infériorité[1] ». Ce substantif abstrait « ne se trouve pas dans l'ancienne langue, précise le Littré. [...] *Mesprisement* a été dit quelquefois dans le XVIe siècle : *povreté, ignominie, mesprisement, affliction* (Calvin) ».

On le trouve sous la plume des plus grands. Racine : « L'horreur et le mépris que cette offre m'inspire » (*Andromaque*). Corneille : « Et fille qui vieillit tombe dans le mépris » (*Le Menteur*). Molière : « J'ai souffert sous leur joug cent mépris différents » (*Les Femmes savantes*). Diderot a trouvé une jolie définition : « Le mépris est un sentiment froid qui ne pousse à aucun procédé violent » (*Essai sur les règnes de Claude et de Néron*).

Il existe d'autres formes de mépris, glorifiées celles-là,

1. Solomon, R. C., *The Passions. Emotions and the Meaning of Life*, Hackett Publishing, 1976, cité par Wikipédia.

car elles élèvent au lieu de rabaisser. Comme ce sentiment « par lequel on s'élève au-dessus des attachements ordinaires du cœur humain ». Le mépris de la mort, des richesses, de la vie. Ou même « ce mépris du malheur », vanté par Germaine de Staël, « si grand s'il avait coûté plus d'efforts, si héroïque s'il ne venait pas de la même source qui rend incapable des affections profondes ».

Mais c'est de l'« absence d'estime, de considération pour une personne ou une chose » (Littré) dont il sera question dans ces pages.

Condescendance ou mépris ?

« Dans les rapports de rangs, il y avait plus de considération, et une courtoisie qui s'apparentait à la condescendance, que de mépris », analyse l'économiste et anthropologue Philippe d'Iribarne[1], auteur de *La Logique de l'honneur*[2], un essai de référence sur les relations hiérarchiques en France. « C'est ainsi que, chez Proust, la duchesse de Guermantes traite ses valets. Elle marque bien avec un ton particulier qu'ils “n'ont pas élevé les cochons ensemble”, comme on dit, mais elle les considère. Alors que le mépris traduit une absence complète de considération. On n'en a rien à faire de vous. Les rapports de rangs étaient acceptés s'il existait une civilité entre les gens. »

1. Entretien avec l'auteur, 7 avril 2021.
2. Seuil, 1989.

5

Le rang, cette névrose française

D'où vient qu'en France les préséances, les codes et les usages gouvernent encore autant notre organisation sociale et dictent notre sociabilité ? Est-ce d'ailleurs une spécificité française ?

Ce culte de l'étiquette a participé à la civilisation des mœurs, comme l'a montré l'écrivain et sociologue allemand Norbert Elias dans son livre sur le processus de civilisation[1]. Mais cette hiérarchie codifiée à l'extrême, fondée sur des privilèges et des droits particuliers, a produit la société du mépris. Elle nourrit le ressentiment, l'envie. Pour le comprendre, il faut interroger les historiens. Directrice d'études à l'EHESS (École des hautes études en sciences sociales), spécialiste de la monarchie d'Ancien Régime, Fanny Cosandey a publié un livre qui éclaire magistralement notre situation. Son titre : *Le*

1. Paru en deux volumes : *La Civilisation des mœurs*, 1974, rééd. Pocket, 2003 ; et *La Dynamique de l'Occident*, 1975, rééd. Pocket, 2003.

Rang[1]. Sous-titre : *Préséances et hiérarchies dans la France d'Ancien Régime.*

Le rang ? « Une position sociale visible inscrite dans un ordre, un rapport de position », selon sa définition. Le cérémonial monarchique existait depuis très longtemps, avec son rituel, et son organisation hiérarchique. Par exemple, le sacre remonte aux premiers Capétiens, et même à Clovis.

Mais un changement se produit au XVIe siècle :

– Une crise survient lors du sacre d'Henri II [1547] à propos d'une question de préséance, m'explique Fanny Cosandey[2]. Il missionne un archiviste pour faire des recherches au parlement afin de déterminer les précédents dans l'ordre des rangs. Il confère ainsi à l'écrit une place considérable dans l'organisation des cérémonies. Dès lors, le dispositif se trouve fixé par les archives, et donne d'autant plus d'importance aux places présentes, qui seront pour une large part les futures.

Après les guerres de religion (seconde moitié du XVIe siècle), la monarchie s'emploie à restaurer la figure du roi, très affaiblie. Le palais est désormais régi par une étiquette. Situé au-dessus des autres seigneurs, le roi déploie le modèle de l'office et des charges achetées pour exercer la justice en son nom (et renflouer ses finances) ; le roi s'employant à renforcer son propre pou-

1. Gallimard, 2016.
2. Entretien avec l'auteur, 22 décembre 2020.

voir, menacé par « les Grands ». L'étiquette aristocratique n'est pas un univers figé.

« Le souverain tente ainsi de faire monter dans la hiérarchie les gens de l'office, qui se retrouvent en concurrence avec les gens du fief, les ducs, les princes, les comtes, ayant hérité leurs titres, dit encore Fanny Cosandey[1]. La noblesse d'épée est graduellement menacée par l'essor du pouvoir du roi et par l'essor de cette noblesse de robe. »

Il faut compter aussi avec les faveurs et les défaveurs royales. Celles-ci peuvent être retentissantes. Enfin, il faut tenir compte des « reconfigurations nobiliaires », résultantes de beaux mariages. Ces facteurs conjugués débouchent sur une société en mouvement où tout est source de tensions, de disputes, et où le roi exerce un rôle d'arbitre entre des personnes qui ont plus ou moins les mêmes droits.

L'historienne exhume deux « disputes » fameuses dues au rang.

La première se produit en 1570, au mariage du roi, à Mézières. L'un des puissants seigneurs du royaume, le duc de Nevers, estime qu'il doit passer devant les autres princes étrangers au titre de l'ancienneté de sa pairie (il est duc et pair), mais le roi en décide autrement en portant le critère sur l'ancienneté du duché (et là, Nevers est perdant face aux trois autres que sont Longueville, Nemours et Guise). Fâché de cette décision, Nevers

1. *Le Point*, 31 octobre 2016.

accuse le roi de favoriser ceux qui le servent le plus mal, façon de dire qu'il est prêt à rejoindre les séditieux dans le cadre des guerres de religion !

La seconde polémique se déclenche à l'entrée royale de 1660 : les ducs et pairs refusent de se laisser précéder par le duc de Bouillon, qui est un prince étranger. Ils estiment que la dignité de pairie est la plus importante, et que la qualité de prince étranger ne doit pas intervenir lors des entrées royales. Le roi ne voulant pas dévoiler l'ordre qu'il veut établir pour cette entrée, et les ducs se doutant que la décision ne leur sera pas favorable, ils choisissent de ne pas se rendre à la cérémonie, ce qui leur vaut une lourde sanction du roi (exil de certains, assignation à résidence pour d'autres).

Ainsi est né l'esprit de chicane français. On se compare sans cesse. On s'épie, on se jauge et se jalouse. Un protocole invisible s'immisce dans chaque conversation. Vous rencontrez pour la première fois une personne et elle vous réclame immanquablement vos diplômes avant de s'enquérir de vos origines. Je me souviens d'une dame me demandant dans un dîner littéraire parisien à quelle noblesse se rattachait mon nom : Le Fol. « Un fou » en breton. Le « Le » est un article, pas une particule, m'entends-je encore lui expliquer le plus sérieusement du monde.

La France n'est pas la seule à avoir hiérarchisé sa cour. L'Espagne n'a rien à nous envier. Mais l'arrivée des Bourbons redistribue les cartes. En Autriche, une femme hérite du trône, ce qui bouleverse le protocole.

Fanny Cosandey est formelle : notre pays est le seul à avoir institué une étiquette aussi rigide dès le XVIe siècle. Sa généralisation est liée à la montée de l'absolutisme. Avec la Révolution française, nous avons changé de conception de société. Les hommes sont censés désormais naître libres et égaux en droits. Mais l'obsession française du rang va subsister.

Je lui demande quels sont les vestiges des préséances royales dans la France d'Emmanuel Macron. Les historiens manient le présent avec prudence. Je la lance :

– Les grands corps de l'État ?

– Ils peuvent en effet apparaître comme des vestiges du rang[1]. Ils marquent une distinction qui est aussi de l'ordre de l'honorifique. Pour autant, ces corps sont le fruit du mérite. Ils sont ouverts à tout le monde. Mais dans la perception de ceux qui en sont, il y a en effet quelque chose de l'Ancien Régime.

Après avoir réfléchi, elle ajoute :

– On trouve dans notre société des restes de l'Ancien Régime assez surprenants. Par exemple, la noblesse occupe encore beaucoup de postes dans l'armée et la diplomatie. Ensuite, il subsiste des hiérarchies de valeurs. Par exemple, cette façon très condescendante dont on traite les paysans : « Il faut les aider. »

Voit-elle des points communs entre les élites actuelles et celles de la défunte royauté ?

– Sous l'Ancien Régime, on se transmettait les offices et les hautes charges de père en fils. Aujourd'hui, ça ne

1. Entretien avec l'auteur, 22 décembre 2020.

marche plus ainsi mais nous avons un vrai problème de renouvellement des élites. Les élites républicaines comme celles de la monarchie ont une même préoccupation : se battre pour conserver leurs positions. Elles ne prennent pas le risque de grimper davantage.

Les périodes de crise, comme la nôtre, n'arrangent rien, tant elles sont propices aux crispations et aux conservatismes. C'est toujours quand il est attaqué que l'animal se montre le plus dangereux.

6

La France Koh-Lanta

Il arrive qu'une œuvre – ou un spectacle – incarne la société de son temps. Depuis vingt ans, les Français se passionnent ainsi pour la même émission de télévision diffusée sur TF1 : « Koh-Lanta ». Ce programme de télé-réalité est adapté d'un jeu suédois baptisé « Survivor ». Une vingtaine de candidats doivent survivre sur une île inhabitée. Répartis en plusieurs tribus, ils s'affrontent lors d'épreuves physiques imaginées par les producteurs.

Si les Français sont fascinés par ce jeu, c'est peut-être parce qu'ils y voient inconsciemment une métaphore de la société dans laquelle ils vivent. Dans leur vie de tous les jours, le rôle des producteurs est tenu par notre modèle étatique hiérarchisé et interventionniste. Les épreuves à affronter sont les règlements bureaucratiques, la tyrannie des petits chefs, les planificateurs vaniteux, les experts gonflés d'importance, les directeurs de conscience, les vérificateurs de CV tatillons… La société de caste nous écrase de son mépris et nous accable de ses procédures. Le seul moyen d'y résister est, comme les candidats de « Koh-Lanta », de développer les qualités du *survivor*.

Colbert et tous les autres inventeurs du modèle français auraient fait merveille dans la télé-réalité. En matière de brimades et de challenges, leur imagination reste inégalable. Les cerveaux d'Endemol – le producteur – n'ont rien inventé. En réalité, on devrait remercier les fabricants de mépris dans notre pays. Pour franchir les barrières qu'ils ont dressées, les Français doivent se montrer toujours plus agiles.

« L'obstacle nous rend créatifs et nous incite à cultiver notre esprit frondeur », remarque l'écrivain et philosophe Gaspard Koenig[1], qui a mis à nu les blocages français[2].

S'il veut percer le plafond de verre, l'exclu ne doit pas se contenter d'être bon. Il doit viser l'excellence.

– Très jeune, j'ai compris qu'il me faudrait sauter 2,20 mètres au lieu de 1,40 mètre pour ceux issus du système, résume Nicolas Sarkozy[3].

L'amateur doit en rajouter sans cesse pour dominer le spécialiste. L'exclu qui veut conquérir une place forte le peut à condition de se montrer plus ingénieux, plus souple, plus sympathique désormais que tous ceux qui l'occupent.

Si on devait représenter la société du mépris, on dessinerait un entonnoir à l'envers. Soixante millions de

1. Entretien avec l'auteur, 4 mars 2021.
2. *Le Révolutionnaire, l'expert et le geek*, Plon, 2015.
3. Entretien avec l'auteur, 7 janvier 2021.

Français se piétinent pour entrer par la plus petite ouverture. Pour ceux qui franchissent le goulot, c'est open bar. Certains de nos compatriotes, qui ont peut-être plus de caractère que les autres, décident de ne pas se soumettre à cette épreuve. Ils inventent leur propre chemin.

Le modèle français si infantilisant, tellement contraignant, a produit à son insu un formidable système D. En France, on s'épanouit dans l'école buissonnière, les chemins de traverse, les bars clandestins, et dans un autre registre, l'émeute. Cette dernière s'est imposée comme notre sport national. Nous y excellons.

La colère, c'est tout ce qui reste aux innombrables recalés du « Koh-Lanta » national. À moins de partir.

7

« Ce métier n'est pas fait pour des gens comme nous »

– Ce métier n'est pas fait pour des gens comme nous. Sors-lui cette idée de la tête.

J'ai quinze ans lorsque j'entends cette phrase prononcée par un des cousins de mon père. C'est un dimanche après-midi d'automne, en Normandie. Nous sommes venus passer le week-end au milieu des pommiers. Papa et lui prolongent à table la conversation du déjeuner.

Quelques semaines auparavant, le mur de Berlin est tombé. Ce cousin que nous aimions tant vient d'en dresser un devant mon ambition : gigantesque.

Cette « idée » fixe que j'ai en tête, à laquelle il fait référence, c'est devenir journaliste. Depuis l'adolescence, je n'ai aucun doute : c'est ce métier que je veux faire. Je lui prête un pouvoir magique : celui de permettre à ceux qui l'exercent de passer à travers les murs, comme le personnage de Marcel Aymé dans sa nouvelle *Le Passe-muraille*. Le samedi, j'emprunte le caméscope familial pour tourner dans ma chambre avec mes copains de faux numéros de « L'Heure de vérité », l'émission politique la plus en vue à l'époque.

Je joue François-Henri de Virieu tandis qu'ils imitent Mitterrand, Chirac ou Le Pen.

« Les gens comme nous », c'est ma famille. Mon père était représentant de commerce et ma mère fonctionnaire aux chèques postaux. Et ce cousin, conducteur de travaux. Aussi loin que je fouille mon arbre généalogique, je trouve des ouvriers, des paysans, des commerçants, un géomètre, des coiffeurs… Mais pas le moindre journaliste !

Trente-deux ans plus tard, je dirige l'une des meilleures rédactions de France, celle du journal *Le Point*. J'ai démenti le cousin de mon père. Mais il avait raison, d'une certaine manière : il n'y a toujours pas beaucoup de « gens comme nous » dans cette profession. Et c'est loin d'être la seule. Ce constat s'applique à de nombreux pans de la société.

J'avais l'envie de devenir journaliste et j'ai tout fait pour y parvenir. Sauf des études. Je me suis arrêté en hypokhâgne, un an après le bac. J'ai échoué au concours de Sciences Po. Je ne disposais pas de la culture générale suffisante pour réussir certaines épreuves.

Ces lacunes intellectuelles ont pesé sur les premières années de ma vie professionnelle. Je n'avais pas lu le centième des livres que me citaient mes confrères. Je me suis rattrapé. Entre 20 et 40 ans, j'ai dévoré tout ce qui me passait sous la main, comme le personnage de *Martin Eden*, le roman de Jack London. Mon livre de chevet. Comme Martin Eden, j'ai été un jeune homme en colère, sauvage, radical, assoiffé.

Le cousin avait vu juste : je ne maîtrisais aucun des codes du milieu journalistique. J'ignorais tout de la géographie et de la toponymie parisiennes, qui sont celles du pouvoir en France. Le *name dropping* qu'affectionne ce petit monde me paraissait du chinois. Je n'avais pas non plus l'aisance attendue pour me mouvoir dans les allées médiatiques.

J'ai évité les embûches sans trop de dégâts. J'ai bien subi quelques humiliations. Je me suis pris les pieds dans le tapis quelques fois. Rien de mortel. Je ne me plains de rien. J'ai eu la chance d'avoir des parents libéraux, qui ont respecté mes choix et m'ont fait confiance.

Pourtant, aujourd'hui encore, je songe encore à cette phrase : « Ce métier n'est pas fait pour des gens comme nous. » Elle ne m'a jamais quitté. Tout d'abord, elle m'a accablé. Ensuite, elle m'a motivé. Aujourd'hui, elle me révolte. Je l'entends encore trop souvent.

Notre modèle de réussite est si étroit, classique et dissuasif que beaucoup de Français taisent leurs aspirations et renoncent à leurs ambitions. Par crainte de s'entendre dire : « Reste à ta place. »

Quand la France décourage ses innovateurs et ses chercheurs

Louis-Nicolas Robert (1761-1828). Faute de capitaux, la première machine à papier dont il eut l'idée fut développée en Angleterre.

Philippe de Girard (1775-1845). Cet ingénieur-mécanicien invente la machine à filer le lin dont il dépose le brevet en 1810. La bureaucratie impériale traîne les pieds pour lui verser la prime qui lui est due. Son invention part pour la Grande-Bretagne.

Claude de Jouffroy d'Abbans (1751-1832). Architecte naval et ingénieur, il inventa les premiers bateaux à vapeur. Jalousies, vols de plans et manque de brevets l'empêchèrent de développer ses inventions.

Emmanuelle Charpentier (1968-). Originaire de la banlieue parisienne, généticienne et troisième femme française à avoir décroché, en 2020, le prix Nobel de chimie, qu'elle partage avec l'Américaine Jennifer Anne Doudna pour leur découverte des ciseaux moléculaires CRISPR/Cas9. Une révolution en matière de génétique qui s'est accomplie en très grande partie à l'étranger, au centre de recherche Max-Planck à Berlin (dirigé par Emmanuelle Charpentier).

Les monuments de Paris

Première visite : Marcel Gauchet

Nous formons « ce pays qui aime les idées », selon le titre d'un livre de Sudhir Hazareesingh[1]. Ma première visite sera donc pour un homme qui fut durant quarante ans, dans l'ombre, le rédacteur en chef de la principale revue d'idées en France, *Le Débat*, créée avec l'historien Pierre Nora aux éditions Gallimard : Marcel Gauchet.

Historien et philosophe, cet intellectuel supérieur et bienveillant, d'une vraie humilité, a publié des livres qui font référence, au premier rang desquels *Le Désenchantement du monde*, *Pour une philosophie politique de l'éducation* et *Comprendre le malheur français*[2].

Les conséquences de l'individualisme, l'extension grandissante des droits, les relations entre modernité et religion, la crise de la transmission, la souveraineté, et le fossé entre les élites et le peuple figurent parmi ses thèmes de prédilection.

Et le mépris ?

---

1. Flammarion, 2015.
2. Le premier chez Gallimard (1985), le second, écrit avec Dominique Ottavi et Marie-Claude Blais, chez Bayard (2002), et le troisième, écrit avec Éric Conan et François Azouvi, chez Stock (2016).

Au mail que je lui adresse pour lui exposer mon projet, il me répond par un « Votre sujet est excellent ». Covid oblige, Marcel Gauchet s'est réfugié à la campagne. Notre entretien se déroulera par téléphone.

En le préparant, je me demande de quelle manière cet homme a pu être exposé à mon sujet d'étude. Je connais ses livres mais j'ignore tout de sa vie. Wikipédia m'apprend qu'il est le fils d'un cantonnier gaulliste et d'une couturière catholique.

– Je n'ai jamais senti le mépris social dans le cadre scolaire, confie-t-il. Mais dans le cadre professionnel, oui, quelquefois. J'ai eu droit à du mépris social sympathique.

Comment s'exprime donc ce « mépris sympathique » ? Marcel Gauchet me renvoie à sa notice dans l'ouvrage *Les Intellectuels sous la Ve République* de Rémy Rieffel[1]. Il y est décrit comme un méritocrate acharné. Sous-entendu, il croit au mérite, car il est issu d'un milieu modeste.

Ce sentiment de supériorité s'est manifesté de manière plus virulente encore en 2002 lors de la parution du pamphlet du sociologue Daniel Lindenberg, *Le Rappel à l'ordre*[2]. Marcel Gauchet, qui incarne une gauche antitotalitaire, s'y voit catalogué comme « nouveau réactionnaire » parmi d'autres intellectuels ou écrivains comme Michel Houellebecq, Philippe Muray, Alain Finkielkraut ou Luc Ferry.

– Aux yeux d'une certaine intelligentsia représentée notamment par la revue *Esprit*, mon soi-disant « esprit réactionnaire » venait de mes origines, se souvient-il. Le mépris vous assigne. Seuls sont libres les gens qui pensent bien. Les autres sont supposés enchaînés.

1. Hachette, « Pluriel », 1995.

2. Seuil.

Douze ans plus tard, Marcel Gauchet est de nouveau pris pour cible. Alors que la direction des « Rendez-Vous de l'histoire » de Blois l'a choisi pour prononcer la conférence inaugurale, l'écrivain Édouard Louis et le philosophe Geoffroy de Lagasnerie, qui dénoncent ses « poncifs ultraréactionnaires[1] », appellent au boycott de la manifestation. Marcel, traître à sa classe !

Il dit ne pas avoir souffert du mépris, tant intellectuel que social. En revanche, il a constaté sur d'autres son pouvoir paralysant :

– J'ai vu des gens brillants anéantis. Des gens prometteurs, qui, confrontés à ça, ont renoncé à toute vie intellectuelle.

Selon lui, cette pathologie française présente un « caractère anthropologique ». Elle traverse de mille façons notre méritocratie si scolaire et codée qu'elle reproduit cette société de cour qu'elle prétend remplacer.

– Lorsqu'il présidait le jury de l'agrégation, Fernand Braudel [historien, figure de l'école des Annales] avait une théorie : « Si j'ai un bon, je l'envoie en histoire moderne, un demi-con, sur la Révolution française, etc.

L'inventivité du mépris français est sans bornes. Dans chaque discipline, les acteurs se positionnent en fonction d'une « hiérarchie inconsciente » :

– Dans ma génération, les philosophes jouissaient d'un plus grand prestige que les littéraires, qui eux-mêmes étaient mieux perçus que les historiens et les géographes…

Selon lui, le monde intellectuel français demeure « très aristocratique » :

– La grande différence entre la France et la Grande-

1. *Libération*, 6 août 2014.

Bretagne est que la noblesse britannique était une classe cultivée contrairement à la noblesse française. L'esprit aristocratique s'est recomposé dans notre pays grâce aux avant-gardes politiques et artistiques. La France est le pays de la mode. Or, il n'y a pas de mode sans mépris. Si vous n'étiez pas un structuraliste dans les années 1970, vous passiez pour un plouc. Les grands gourous des sixties se comportaient en aristocrates méprisants. Lacan disait aux gens qui voulaient l'écouter : « Vous êtes des abrutis qui ne comprennent rien à ce que je dis. » De manière générale, l'apolitisme dans le monde académique est perçu comme un signe de faiblesse.

Marcel Gauchet estime que ce phénomène joue désormais à plein au plan politique :

– Il existe des opinions chics et des opinions ploucs, constate-t-il.

À l'écouter, le mépris sera la clé de la prochaine élection présidentielle en 2022. Prédiction ou (fragile) extrapolation ?

8

La gueule d'un autre

– Méprisés, ces gens-là ? Tu plaisantes ! Ce sont plutôt eux, les méprisants. Et toi, tu as vraiment fait l'objet de mépris ? Tu ne m'as pas l'air d'avoir beaucoup souffert…

Nous sommes vraiment ce que les autres pensent de nous, voilà ce que je me dis en écoutant la réaction de cette connaissance devant le projet de couverture retenu pour ce livre. Il est vain de vouloir lutter contre cela.

Mon métier m'a donné un statut. Ma démarche un peu raide et ma façon appliquée de parler m'ont construit une carapace urbaine et un tantinet bourgeoise. J'aurai beau faire, on ne me prendra jamais pour ce que je suis : un enfant de la classe moyenne française ayant grandi en banlieue parisienne.

J'ai toujours gardé mon CV pour moi. Comme l'a écrit la journaliste Josyane Savigneau dans son livre *Point de côté*[1], je crois qu'il n'y a « aucune vertu

1. Stock, 2008.

particulière à être né dans la bourgeoisie, certes, mais aucune vertu non plus à être né dans le peuple ». La société nous veut « repérables », « identifiables », « étiquetables ». Elle veut nous faire entrer dans un rôle. Et parfois nous finissons par le jouer.

– La réussite réécrit *a posteriori* votre parcours, dit François Pinault[1]. Elle gomme vos échecs et vos efforts. J'ai appris sur le tard à me moquer de l'avis des autres. Quand vous êtes jeune et que vous démarrez, vous en prenez plein la gueule. On vit au travers du regard des autres. Ça se dépouille au fil des années.

– Quand tu parcours un chemin comme le mien en venant d'en bas, explique quant à lui Bernard Tapie[2], escroc ou honnête, ça ne fait pas une grande différence aux yeux de certaines personnes. Le seul jour de ma vie où j'ai eu honte, c'est quand je suis arrivé aux Baumettes. Les mecs m'ont applaudi. Ils m'ont pris pour un des leurs. À ce moment-là, tu te dis : qu'est-ce qui se passe ? Merde, il a dû y avoir une erreur d'aiguillage.

Michel Onfray s'enorgueillit d'avoir échappé à ce rôle de composition :

– Après la parution de mon premier livre chez Grasset, *Le Ventre des philosophes*, on m'a conseillé de changer de vie si je voulais réussir à Paris[3]. Si j'avais écouté le petit milieu germanopratin, j'aurais quitté Argentan, aban-

1. Entretien avec l'auteur, 7 janvier 2021.
2. Entretien avec l'auteur, 25 novembre 2020.
3. Entretien avec l'auteur, 12 novembre 2020.

donné mon poste de professeur dans le privé, changé de femme ! J'aurais rangé tous mes souvenirs d'enfance dans une maison dont on aurait fermé toutes les issues. En somme, je me serais recréé un passé. Si vous voulez être adoubé par ce milieu, il faut vous renier.

Georges Kiejman s'amuse de ce jeu d'apparences. Sur sa fiche Wikipédia, il est qualifié de « dandy séducteur ». Ce qui n'est pas pour lui déplaire.

Je l'ai vu plaider une fois, à la 17e chambre, où sont jugées les affaires de diffamation, contre mon patron de l'époque, le journaliste Jean-Marie Rouart, qui défendait l'innocence d'Omar Raddad, un jardinier marocain accusé du meurtre d'une riche retraitée de la Côte d'Azur, Ghislaine Marchal. Kiejman représentait les enfants de cette dernière. J'étais du côté de Rouart, et donc de celui d'Omar Raddad. Lutte des classes au tribunal. L'homme de gauche assurait la défense de la bourgeoisie. Ce n'est pas si rare... Je n'étais pas encore familier des joutes judiciaires : j'avais trouvé Kiejman d'une rare suffisance. Il me semblait se faire le porte-voix du mépris de classe. C'est ainsi que je l'avais ressenti. Par la suite, j'ai croisé quelquefois ce célèbre avocat dans des restaurants de Saint-Germain-des-Prés. Toujours en compagnie de jolies femmes. Je connaissais l'une d'elles. Elle nous présenta. Il se montra amical. Mais ma curiosité n'en fut pas titillée. Ma mémoire était trop encombrée de sa plaidoirie dans l'affaire Omar Raddad.

J'évoque ce souvenir devant Georges Kiejman un soir d'hiver 2020. Il m'a invité à prendre un verre chez lui, tout près du jardin du Luxembourg, après que je lui eus fait part de mon projet de livre. Il me reçoit en chaussettes et me tend une bouteille de whisky.

– Il y a eu tant de malentendus sur mon compte que j'ai renoncé à les comptabiliser[1], me dit-il.

Il a l'air de s'amuser de tout. Cette nonchalance n'appartient qu'aux heureux de ce monde, me dis-je en l'observant. Je sais pourtant que ce Juif d'origine polonaise a grandi dans la misère. Son père, Alter, est mort à Auschwitz. Réfugié en France, dans le Berry, avec sa mère illettrée, Georges Kiejman se souvient de ce professeur de seconde qui lui disait : « Quand on s'appelle Kiejman, on n'a pas le droit d'être paresseux. » Il se souvient aussi de la pièce unique qu'il occupait avec sa mère à Paris, 13 rue de la Présentation. Mais il n'en tire nulle gloriole :

– Je n'ai pas de couteau entre les dents, plaisante-t-il. Alain Badiou est un con. Les pauvres n'ont pas tous les droits. J'ai eu beaucoup de chance dans ma vie, poursuit-il. Pourquoi aurais-je fait commerce de ma malchance ? Je n'ai pas été honteux. Mais j'ai toujours eu envie de mieux.

Kiejman aime les belles choses. Et il ne s'en est jamais caché. D'où certaines idées fausses à son endroit.

– Lorsque j'ai été nommé ministre pour la première fois [ministre délégué à la Justice], les socialistes avaient fait de Pierre Bérégovoy le prolétaire du gouvernement. Or, le seul vrai prolétaire de la bande, c'était moi ! J'étais même du lumpenprolétariat. Mais que voulez-vous, je

1. Entretien avec l'auteur, 9 décembre 2020.

portais des chemises Charvet. Personne ne m'aurait cru !

On a toujours un peu la gueule d'un autre quand on change de monde. Élisabeth Moreno l'a appris à ses dépens. Ministre dans le gouvernement Castex, elle aussi vient d'un milieu très modeste. Née au Cap-Vert, elle a émigré en France à la fin des années 1970. Elle a grandi dans une cité HLM de la région parisienne, à Athis-Mons. Aînée d'une fratrie de six enfants, elle a été pour ses frères et sœurs une « seconde maman ». Ses parents étaient illettrés. C'est elle qui remplissait leurs papiers.

– Si j'ai fait des études, c'est d'abord pour pouvoir les aider dans leurs démarches administratives, se souvient-elle[1].

Elle a ensuite fait une brillante carrière dans le monde de l'entreprise. Elle a été présidente de Hewlett-Packard Afrique après avoir dirigé Lenovo, le champion chinois de l'électronique. Lors de sa nomination, son parcours entrepreneurial est mis en exergue. Beaucoup plus que ses origines. Elle a longtemps répugné à en parler.

– Ce n'est pas un fait de gloire, me dit-elle.

Elle s'y résout. Sur les sujets de discrimination qu'elle a à traiter, son expérience peut lui donner une légitimité. On écoutera la petite fille pauvre victime de racisme. Pas la cheffe d'entreprise.

C'est pourtant cette image-là qui domine. À l'automne 2020, Élisabeth Moreno effectue un déplacement

1. Entretien avec l'auteur, 21 décembre 2020.

en banlieue parisienne, dans un lycée qui ressemble à celui où elle a fait ses études. Alors qu'elle s'exprime devant une classe, une adolescente l'apostrophe : « C'est bien beau, votre discours sur les discriminations, mais vous êtes qui pour parler de ça ? Vous en savez quoi ? Vous êtes une patronne, une bourge. »

Kamel Mennour a ouvert sa première galerie rue Mazarine, à Paris, en 1999. Aujourd'hui, le site Artnet le considère comme « le galériste le plus influent en Europe ». Ce dandy élancé, issu d'un milieu très modeste, a commencé par vendre des lithographies dans des centres commerciaux. Il se souvient comme d'une lame de couteau dans le cou des rumeurs qui circulaient sur son compte[1] lorsqu'il s'est lancé :

– Qu'est-ce qu'on disait ? Que je finançais tout ça avec de l'argent douteux. Que j'étais un fils des pétrodollars ! Un fils d'émir ! Mon assistante m'a rapporté que dans un dîner une personne lui avait dit : « J'ai connu le père de Kamel Mennour, qui était un riche Libanais. » Ce petit milieu ne pouvait pas comprendre que j'étais là grâce à mon boulot. Ensuite, comme j'apparaissais souvent dans la chronique « Nuits blanches » qu'Éric Dahan tenait dans *Libération*, on a dit : il est homosexuel ! J'adorais ça ! J'en jouais. Parce que si tu es arabe et que tu réussis, c'est que tu es homosexuel. Je kiffais !

1. Entretien avec l'auteur, 26 novembre 2020.

9

Le désordre du mérite

– En fait, ton livre, c'est l'histoire du vrai mérite ? me demande Cyril Hanouna.

L'animateur m'a donné rendez-vous près de la place de l'Étoile[1], dans les bureaux de l'agence de communication qui veille sur lui. Emmitouflé dans une doudoune Moncler orange, il se montre précis et méthodique.

– Je ne le connais pas personnellement, mais c'est un homme qui va très vite et qui est tout sauf un con, me dira quelques jours plus tard Éric Dupond-Moretti[2] à son propos. C'est même une intelligence fine. Mais il peut descendre de niveau et je le regrette profondément.

Un brin résigné, Hanouna constate :

– Quand les gens de mon âge prennent des photos avec moi, ils ne disent jamais que c'est pour eux….

Sa question m'ébranle. Il a bien résumé l'objet de mon enquête. Mais je m'interroge sur le terme « vrai

1. Entretien avec l'auteur, 21 décembre 2020.
2. Entretien avec l'auteur, 7 janvier 2021.

mérite ». J'ai construit ce livre autour d'une vingtaine de témoins choisis selon l'originalité de leur parcours au regard du système élitaire français. Encore moins que les autres, ils n'étaient pas programmés pour ce qu'ils sont devenus. À tous, il manquait au moins un atout pour réussir dans leur domaine d'activité : l'argent, les réseaux, le diplôme...

Nicolas Sarkozy, Anne Hidalgo et Xavier Bertrand n'ont pas fait l'ENA alors que cette école a formé quatre des six derniers présidents et huit des vingt-deux derniers Premiers ministres. François Pinault est le seul grand patron autodidacte. Michel Onfray est le philosophe le plus célèbre de France alors qu'il n'a pas passé l'agrégation et que ses parents ne sont pas enseignants. Fils d'une femme de ménage et d'un peintre en bâtiment, Kamel Mennour s'est imposé comme un acteur majeur de l'art contemporain.

Ces Français au parcours original ont-ils plus de légitimité que ceux qui ont bûché pendant des années leurs concours ? Mon propos n'est pas d'établir une échelle du mérite. La réussite de ceux qui sont passés par le système méritocratique est indubitablement le fruit d'un travail intensif. Beaucoup d'entre eux ont sacrifié leurs jeunes années pour atteindre leurs objectifs. Mais l'écrasante majorité des diplômés des grandes écoles de notre pays, qui ouvrent les portes du pouvoir, disposent au départ d'avantages économiques et éducatifs déterminants.

Cette méritocratie-là, fondée sur une réussite précoce à des concours, est aujourd'hui contestée. Plusieurs ouvrages anglo-saxons remettent en cause son pouvoir et sa légitimité. « Les gens “intelligents” ont pris trop de pouvoir », estime l’ancien journaliste au *Financial Times* David Goodhart dans son dernier livre *La Tête, la Main et le Cœur*[1]. Sous sa plume, les « gens intelligents » désignent la nouvelle élite cognitive formée dans les meilleures écoles. Ils se sont arrogé le monopole du mérite. Les autres, moins instruits, travaillant avec leur main et leur cœur, se sentent méprisés. Leurs aptitudes ne sont pas reconnues et les emplois qu’ils occupent sont dévalorisés.

Selon Michael J. Sandel, professeur de philosophie politique à l’université de Harvard, nous entrons dans une « crise de la reconnaissance[2] ». « La perte de pouvoir d’achat est sans doute un facteur important du ressentiment des travailleurs, mais ce ressentiment est avant tout alimenté par la blessure infligée à leur statut de producteurs. Cette blessure est le résultat combiné du tri méritocratique et de la globalisation marchande. »

Cette « crise de la reconnaissance » touche toutes les sociétés occidentales. Les Français la ressentent de manière encore plus douloureuse car ils vivent dans une société de statuts, extrêmement centralisée et hiérarchisée, fondée de concert sur la verticalité, l’entre-soi et le mépris. Cette « tyrannie du mérite » n’a pas que des conséquences économiques et sociales. Mark Bovens et Anchrit Wille écrivent dans *Diploma Democracy*[3] que

1. Les Arènes, 2020.
2. *La Tyrannie du mérite*, Albin Michel, 2021.
3. Oxford University Press, 2017.

« la plupart des démocraties contemporaines d'Europe de l'Ouest sont gouvernées par un groupe fermé de citoyens instruits. Ce sont des démocraties du diplôme – dirigées par ceux qui ont décroché les plus hautes qualifications officielles ».

Ces « vainqueurs », comme les surnomme Michael J. Sandel, ont tendance à penser qu'ils ne doivent leur parcours qu'à leurs qualités propres. Et que ceux qui n'ont pas réussi comme eux méritent leur moindre place.

L'autre méritocratie à laquelle je m'intéresse, celle des « autodidactes », pense le contraire. Elle éprouve bien souvent le sentiment de ne jamais être à sa place. Et pour expliquer son parcours, elle convoque de multiples facteurs extérieurs : la chance, une main tendue...

Je n'idéalise pas cette méritocratie. Je ne crois pas d'ailleurs que l'ascension sociale soit un dessein plus noble qu'un autre. Il n'y a pas besoin de prendre un ascenseur pour s'épanouir. « Une gare, c'est un lieu où on croise des gens qui réussissent et des gens qui ne sont rien », a déclaré Emmanuel Macron en inaugurant la Station F, une pépinière de start-up créée par Xavier Niel, en juillet 2017. Voilà une vision du monde qui peut paraître à la fois réductrice et méprisante.

– Macron est l'être le moins méprisant que je connaisse, assure toutefois son ami, l'essayiste et entrepreneur Mathieu Laine[1]. Il a des capteurs partout. Son intelligence est empathique.

Il n'empêche, certains mots résonnent fortement.

1. Entretien avec l'auteur, 9 février 2021.

Je crois au contraire que l'on peut réussir sa vie sans faire de bruit. Une société équilibrée doit permettre à chacun de se sentir utile. Mais elle doit aussi abaisser les barrières qui font obstacle au désir d'émancipation.

Les personnalités que j'ai interrogées ont dû en franchir plus que les autres. Leur expérience me paraît essentielle pour trouver les moyens de briser enfin le plafond de verre français et tarir la source du mépris qui gangrène notre pays.

10

La logique de l'honneur

J'ai mis du temps avant de pouvoir m'asseoir seul à la terrasse d'un café parisien. J'avais peur de « faire tache » dans le décor. En principe, on s'y installe pour regarder les autres. Moi, je redoutais d'être scruté par tous les passants. Le syndrome de l'imposteur. La vie parisienne est un film. Personne ne m'avait invité à y jouer. J'avais l'impression de passer tout le temps dans le champ de la caméra qui filmait cette comédie.

Un matin de juin, après avoir effectué des repérages, j'ai avisé la terrasse d'une brasserie près du jardin du Luxembourg, suffisamment à l'écart de la circulation des piétons et des automobilistes, et je m'y suis installé. J'étais le seul client. Un garçon de café nettoyait les tables.

J'ai attendu. Cinq minutes. Dix minutes. Il m'avait vu pourtant. « S'il vous plaît », ai-je marmonné. Toujours aucune réaction de sa part. Je lui ai fait un signe de la main. Il épongeait de plus belle. Son attitude confirmait mon appréhension. Je n'étais pas à ma place. Je le dérangeais. Je m'apprêtais à partir quand il vint prendre ma commande d'un ton sec. Il ne s'excusa même pas de m'avoir fait attendre.

Il me fit sentir que son comportement s'inscrivait dans l'ordre des choses. Il était normal que je prenne mon mal en patience. À la rigueur, c'est moi qui aurais dû m'excuser d'avoir montré des signes d'impatience. Ainsi, au café de Flore, les clients sont servis plus ou moins vite selon leur statut.

Il n'y a qu'à Paris que j'ai observé un tel comportement. J'ai compris plus tard que ce garçon de café avait agi – inconsciemment ou non – au nom d'une « logique de l'honneur ». C'est le titre du livre[1] de Philippe d'Iribarne, polytechnicien, ingénieur des Mines et directeur de recherches au CNRS, qui analyse l'influence de traits culturels nationaux sur la gestion des entreprises. Selon d'Iribarne, ceux-ci nous renseignent sur « la manière spécifique de relier l'individu à la collectivité et de séparer le bien du mal, le légitime de l'illégitime, ce que l'on respecte, ce qui indiffère et ce que l'on méprise ».

Il compare trois types de management : l'américain, « hanté par l'image idéale du contrat qui, passé entre des hommes libres, reste juste parce que la loi s'est unie à la morale pour limiter le pouvoir du plus fort » ; le néerlandais, soucieux d'une « grande objectivité, allant de pair avec une forte allergie à toute forme de pression exercée par une quelconque autorité » ; et enfin le français, fortement imprégné d'une logique de l'honneur

1. Ouvrage cité.

toute monarchique selon la définition de Montesquieu. L'honneur représente le « préjugé de chaque personne et de chaque condition » (voir encadré ci-contre). « Il est intimement lié à la fierté que l'on a de son "rang" et à la crainte d'en déchoir », écrit Philippe d'Iribarne.

Cette logique de l'honneur (mal nommée, car l'honneur élève alors qu'il s'agit en l'espèce de mépris social, contraire à la véritable civilité) persiste dans la vie professionnelle actuelle. Les ordres d'Ancien Régime n'ont pas totalement disparu. Le personnel administratif, détenteur d'un savoir, ne représente-t-il pas le clergé ? Les employés, le tiers état ? Et les managers des grandes entreprises, la nouvelle noblesse ?

De nombreux métiers demeurent organisés selon une hiérarchie très codifiée, qui n'a rien à envier aux anciens degrés de noblesse. Ils ont leur éthique propre. Un « fossé statutaire » sépare les salariés d'un même service au sein d'une entreprise. Chacun tient son rang en méprisant l'autre.

Philippe d'Iribarne va plus loin. « Dans de multiples domaines, explique-t-il, la distinction entre le noble et le vil, et plus largement entre le pur et l'impur, joue toujours un rôle fondamental dans la société française d'aujourd'hui. » À certains égards, le système français évoque le système indien des castes. La crise de la Covid a ainsi exacerbé le mépris entre les différentes professions du corps médical.

En tout cas, la prochaine fois qu'un garçon de café vous fait patienter, sachez qu'il tient son rang !

Montesquieu et les « règles suprêmes »

« Si le gouvernement monarchique manque d'un ressort, il en a un autre. L'honneur, c'est-à-dire le préjugé de chaque personne et de chaque condition, prend la place de la vertu politique [...] et la représente partout. Il y peut inspirer les plus belles actions ; il peut, joint à la force des lois, conduire au but du gouvernement comme la vertu même. [...] L'honneur a ses règles suprêmes, et l'éducation est obligée de s'y conformer. Les principales sont : qu'il nous est bien permis de faire cas de notre fortune, mais qu'il nous est souverainement défendu d'en faire aucun de notre vie. La seconde est que, lorsque nous avons été une fois placés dans un rang, nous ne devons rien faire ni souffrir qui fasse voir que nous nous tenons inférieurs à ce rang même. »

De l'esprit des lois

11

Un sentiment d'imposture

Longtemps je me suis senti un imposteur dans mon métier. Les confrères autour de moi avaient lu plus de livres, citaient à l'envi des noms propres que j'ignorais. Un vieux plan de Paris m'aidait à me repérer dans les quartiers des ministères et de l'édition, cet îlot qu'eux arpentaient depuis l'enfance.

La plupart des journalistes sont issus de milieux aisés. En 2019, le journal *Libération* a enquêté sur l'origine sociale de ses journalistes[1] : 56,6 % ont des parents CSP+, alors que cette catégorie représente 17,8 % de la population active selon l'Insee.

Je ne crois pas au déterminisme social. Et je pense, comme Philippe Lançon, interrogé dans cette même enquête, que « le journalisme consiste à former, par l'expérience, des personnalités suffisamment autonomes et indépendantes pour pouvoir, avec le minimum de préjugés possible, restituer les paroles, les vies et les œuvres de toutes sortes de gens, tous milieux confondus ».

1. Checknews, 8 avril 2019.

Il n'empêche. Lorsque j'ai effectué mon premier stage au *Figaro*, dans une rédaction à la fois bourgeoise et parisienne, je ne m'y suis pas senti spontanément à ma place. « Momo » Groseille, dans le film *La vie est un long fleuve tranquille*, était plus à l'aise chez les Le Quesnoy que moi dans la salle de rédaction du *Figaro* ! À l'époque, l'ancien ministre du général de Gaulle Alain Peyrefitte présidait le comité éditorial. Il occupait un vaste bureau qui ressemblait à celui de Louis de Funès dans *Le Corniaud*. Un voyant lumineux rouge ou vert indiquait si l'on pouvait y pénétrer. On pouvait également y accéder par le bureau de sa collaboratrice, Arlette de La Loyère, « mémoire discrète du gaullisme[1] ». C'est par là que j'y accédai un jour. Peyrefitte avait demandé que l'on lui rédige une note sur un livre. La corvée m'échut. Je passai dessus une nuit blanche. Arlette de La Loyère m'invita à remettre moi-même ma copie au « Ministre ». De celui-ci, je ne vis que le dos et les oreilles, qu'il avait grandes. Debout derrière lui, j'attendais son verdict. « Bien », me dit-il sèchement. J'étais soulagé. C'est alors qu'il s'empara de son gros stylo-plume Montblanc et entreprit de réécrire l'intégralité de mon articulet.

Je ne raconte pas ces souvenirs pour fanfaronner. Je décris le monde, à mille lieues du mien, dans lequel j'ai été projeté à l'âge de dix-neuf ans. Pour moi, Alain Peyrefitte était un nom qu'avait prononcé une fois mon professeur d'histoire au lycée Jean-Vilar de Plaisir.

1. *Le Figaro*, 5 janvier 2016.

Autant dire que *Le Figaro* m'apparaissait comme un musée Grévin. Sauf que les marionnettes étaient bien vivantes !

J'étais sans cesse sur mes gardes. Comme un passager frauduleux sur un paquebot, je redoutais le contrôle des billets. Allais-je être démasqué ? Je m'efforçais de suivre le conseil que Jean-Paul Belmondo prodigue à Richard Anconina dans le film de Claude Lelouch *Itinéraire d'un enfant gâté* (lire page 240) : ne jamais avoir l'air étonné. Dans la vie, c'est plus difficile qu'au cinéma…

Pourtant, on peut briser son plafond de verre personnel. Je ne saurais dire ce qui a le plus contribué à atténuer mon angoisse.

Je me suis allongé sur le divan d'un psy qui ressemblait à Prof, le nain de *Blanche-Neige*. Je me suis marié avec une femme qui m'a rassuré, alors qu'elle-même ressent ce doute obsédant. Je suis devenu père, ce qui m'a extrait de mon nombril. Par ailleurs, j'ai fait une découverte décisive : la boxe thaï. Ce sport de combat m'a aidé à être moins impressionnable.

Surtout, la vie professionnelle a placé sur mon chemin des personnalités bienveillantes et confiantes. J'ai eu de bons parrains, dont l'écrivain Denis Tillinac, un hussard corrézien qui m'a proposé de travailler dans la maison d'édition qu'il dirigeait alors, La Table ronde.

Mon premier stage au *Figaro littéraire* allait s'achever quand Jean-Marie Rouart a déboulé dans le bureau où je faisais des photocopies. Son déjeuner venait de s'annuler. « Vous êtes libre ? » a-t-il lancé en entrant. J'étais seul dans la pièce. Une fraction de seconde j'ai pensé qu'il s'adressait à la photocopieuse.

« 80 % de la réussite dans la vie repose sur le simple fait de répondre à l'appel », dit Woody Allen. Je répondis à l'appel. Au cours du déjeuner, j'obtins une enquête à réaliser. Ce jour-là, Rouart a abaissé le pont-levis pour me permettre d'entrer dans le château.

Le patron du *Figaro littéraire* avait un bras droit qui sut m'entourer. Dominique Guiou parle avec l'accent du Midi. Cela me rassurait. Je me disais : lui aussi il vient de l'extérieur de la forteresse (Paris), il peut me comprendre. Un autre journaliste, qui lui non plus ne venait pas de « ce monde-là » et m'a sans doute « reconnu », m'a pris sous son aile : Bruno Corty, qui est devenu chef du *Figaro littéraire* aux côtés d'Étienne de Montety. Je n'avais pas un rond en poche. Même pas de quoi me payer un sandwich. Le stage n'était pas rémunéré. Bruno Corty me régala de couscous qui m'aidèrent à tenir.

Peu à peu, je me dis que je méritais ma place puisque des gens du métier m'en croyaient dignes. Franz-Olivier Giesbert paracheva le travail. Il cherchait un « esclave » pour tenir une nouvelle rubrique « Livres » dans *Le Figaro*, sur laquelle il voulait avoir la haute main. « Esclave », c'est ainsi que m'avait été présenté le job par des journalistes maison. Pour moi, Giesbert, c'était le type qui ressemblait à Jack Nicholson dans *Shining* et qui interviewait ironiquement les hommes politiques dans l'émission « L'Heure de vérité ». Il m'a reçu dans son bureau de la rue du Louvre : amical, animal et mâle.

Vingt-cinq ans après, cette rencontre m'apparaît comme une scène du film de Sergio Leone *Le Bon, la Brute et le Truand* : peu de mots échangés et un pacte signé avec les yeux.

« Si tu fais ce que je te demande, dans un an, tu seras embauché ici », m'a-t-il dit. Il a tenu promesse. Un an durant, il m'a fait trimer, suer, turbiner, bûcher. Chaque jour, la marche à gravir était un peu plus élevée. Un soir, il vint me porter lui-même dans mon bureau l'exemplaire d'un livre qui allait faire beaucoup de bruit : *Le Livre noir du communisme*. « Lis ça cette nuit et fais-moi une page entière pour demain midi », me dit-il. Le livre en question faisait 1 500 pages… « Fog » testait en permanence mes limites. Il prenait un malin plaisir à me confier des sujets dans les disciplines dont j'étais le moins familier. Je m'acquittais de la tâche, avec ardeur tout simplement, car je ne voulais pas le décevoir. Il plaça des haies toujours plus hautes sur ma piste. À ma grande surprise, j'étais capable de les franchir. Il me faisait confiance et je prenais confiance. Il me jugeait qualifié pour les articles qu'il me commandait ? J'avais de moins en moins peur d'y apposer ma signature.

Ce sentiment de ne pas mériter la place que j'occupais m'a empêché de profiter pleinement de ces années-là. Quand vous vous levez le matin avec la peur au ventre, vous avez beau exercer le métier de vos rêves, la crainte vous paralyse. Vingt ans plus tard, « Fog » a transmis les rênes du *Point* qu'il dirigeait à Étienne Gernelle. Ce dernier m'a appelé à ses côtés. J'avais ainsi l'impression de m'inscrire dans une lignée, professionnelle et amicale celle-là.

Je suis frappé de voir le nombre de gens qui sont touchés par ce syndrome de l'imposteur. À commencer par les femmes. Surtout celles qui ont réussi. Le 4 décembre 2018, en visite à Londres, Michelle Obama déclarait : « Comme beaucoup, je suis entrée à l'université avec un stigmate sur mon front. Certains l'appellent aujourd'hui le syndrome de l'imposteur, de celui qui ne se sent pas à sa place. J'ai dû dépasser cette interrogation. Suis-je assez bonne ? Suis-je assez bonne pour être la première dame des États-Unis[1] ? »

Ce poison mental a été très bien étudié dans les années 1970 par deux psychologues américaines, Pauline Rose Clance et Suzanne A. Imes. Dans leur travail de thérapeute, elles avaient remarqué un trait commun à bon nombre de leurs patientes : une incapacité à s'attribuer les mérites de ce qu'elles accomplissaient dans leurs études ou leur vie professionnelle. Quand on les félicitait pour un succès, elles minimisaient toujours leurs compétences, préférant insister sur le rôle de la chance.

De nombreuses personnalités interrogées pour ce livre m'ont confessé avoir éprouvé au moins une fois dans leur vie ce sentiment d'imposture. Celui ou celle qui croit vivre dans l'imposture a un côté masochiste. Il

1. Cité dans « Grand bien vous fasse », l'émission d'Ali Rebeihi sur France Inter, le 18 février 2021.

s'impose plus de travail que les autres pour ne pas risquer d'être pris en défaut.

Comment l'autodidacte Fabrice Luchini est-il devenu ce prince des mots, jonglant avec les grands textes de la littérature française comme s'il en était familier depuis sa plus tendre enfance ?

– J'ai quitté l'école à l'âge de treize ans et demi, me dit-il. Je n'avais pas lu grand-chose. Je ne savais rien. Puis j'ai fait de grandes rencontres : Rohmer, Cochet, Terzieff, Bouquet. Ces hommes m'ont ouvert les portes de l'excellence, ils m'ont fait découvrir l'infinie richesse de la langue française. Je m'y suis plongé avec frénésie et je n'en suis plus sorti. Mon rapport aux textes est devenu presque névrotique ou mystique.

Le succès nous guérit-il du sentiment d'usurpation ? Même si on en maîtrise l'intensité, il demeure dans l'ombre de nos vies :

– J'ai encore le sentiment de l'imposteur, confie François Pinault[1]. Certains me voient comme un homme solide, granitique. Alors que je suis habité par le doute, même si ça ne dure jamais très longtemps. Je ne suis pas le genre de type qui se dit : ça marche à tous les coups. Je mets encore beaucoup de choses qui m'arrivent sur le compte du hasard. Après toutes ces années, je devrais finir par me dire que la chance a bon dos, mais je n'y arrive pas tout à fait.

L'homme d'affaires n'est pas guetté par le risque de l'autosatisfaction :

1. Entretien avec l'auteur, 7 janvier 2021.

– Quand je suis content de moi, ça ne dure pas longtemps. Il y a quelques décennies, alors que je lançais OPA sur OPA, Anne Méaux [sa conseillère en communication] me dit : « C'est bizarre, François, vous n'avez pas l'air content. » En réalité, je pensais déjà au coup d'après.

D'autres, à l'instar de Gérald Darmanin[1], le ministre de l'Intérieur, disent ne jamais avoir éprouvé ce sentiment d'imposture :

– Par leurs origines, certains trouvent sans doute normal d'être ministre. Moi, je ne trouve pas normal ce qui m'arrive. Je me retrouve dans ce que disait l'acteur Robert Mitchum et que rapporte Pierre Desproges dans un de ses textes. Quand on demandait à Mitchum quel avait été le déclic de sa carrière, il répondait : « Un jour, j'ai vu les aventures du chien Rintintin à la télévision. Et je me suis dit : si lui peut le faire, je peux le faire. »

Gérald Darmanin ne donne pas l'impression de beaucoup douter. Néanmoins, ce qui lui arrive garde à ses yeux une part d'irréalité. Pour y croire, il a besoin de preuves : il conserve les menus des dîners officiels à l'Élysée et se fait le greffier de sa vie politique dans un cahier.

Les Français sont-ils plus sujets que d'autres peuples au syndrome de l'imposteur ? Les psychologues que j'ai consultés s'accordent à dire que la société française

1. Entretien avec l'auteur, 15 mars 2021.

favorise le développement de ce mal. Notre culte de la performance scolaire, notre élitisme forcené et la manière négative dont nous considérons l'échec sont peu propices à l'estime de soi.

De plus en plus de Français se verraient-ils comme des imposteurs ? Aucune étude ne l'a encore mesuré. Cependant, ce sujet trop longtemps refoulé devient un filon dans les médias et l'édition[1]. À semer le mépris, nous avons récolté un sentiment général d'illégitimité.

1. En janvier 2021 a paru *Le Syndrome d'imposture* d'Élisabeth Cadoche et Anne de Montarlot aux éditions des Arènes. Le magazine *Causette* a consacré sa couverture de février 2021 au sujet : « Travail : comment en finir avec le syndrome d'imposture ».

12

Ces Mozart assassinés

« Ce qui me tourmente, ce ne sont ni ces creux, ni ces bosses, ni cette laideur. C'est un peu, dans chacun de ces hommes, Mozart assassiné », écrit Antoine de Saint-Exupéry dans *Terre des hommes.* Entre imposture et autodénigrement, le système français prétendument méritocratique assassine chaque jour des milliers de génies en herbe. Au nom d'une vision rabougrie, sectaire et conformiste de la réussite, nous décrétons que des tas de jeunes n'ont aucune chance de devenir Mozart.

Bien sûr, un Mozart ne sommeille pas en chacun de nous. Mais pourquoi pas un Laennec, un Pasteur, une Marie Curie, une Coco Chanel, une Édith Piaf, un Dassault, un Bocuse… Le mépris français engendre un immense gâchis humain. Il a aussi un coût pour notre économie. Bridés, découragés, de trop nombreux talents s'exilent. Et vont créer de la richesse en dehors de nos frontières.

Il ne se passe pas une semaine sans que l'on découvre un nouveau talent français parti éclore ailleurs. Ce gâchis stupéfie les étrangers. C'est le cas de Katalin Kariko. Cette biochimiste d'origine hongroise a mis au point la technologie de l'ARN messager à l'origine des premiers vaccins contre la Covid-19. « La France, c'est un beau pays pour les vacances d'été, dit-elle. Mais essayez donc de comprendre pourquoi les Français ont dû venir ici, aux États-Unis ? Pourquoi Stéphane Bancel [le P-DG de Moderna] ne dirige pas une entreprise française en France pour mettre au point des vaccins ? Pourquoi il n'y a pas plus de sociétés comme BioNTech en France[1] ? »

Pourquoi ? Il faudrait des heures pour lui expliquer les ravages du mépris dans notre « beau pays ».

Les économies actuelles requièrent un haut niveau de confiance. Dans ce monde interconnecté, l'intelligence collective s'avère un atout décisif. Or, celle-ci ne fonctionne qu'en mobilisant une grande variété de talents, comme le montre Émile Servan-Schreiber dans son livre *Supercollectif*[2].

Ce docteur en psychologie cognitive se réfère au théorème de la diversité découvert par le sociologue américain Scott Page : « L'intelligence d'un groupe résulte autant de la diversité des points de vue que de la finesse des analyses. Une diversité d'opinions permet non seulement de compenser les lacunes de chacun, mais aussi de neutraliser les erreurs intellectuelles des uns par celles

1. *Le Point*, 28 janvier 2021.
2. Fayard, 2018.

des autres. » Autrement dit : Le pire ennemi de l'intelligence n'est pas le nombre, mais le conformisme, selon Servan-Schreiber.

En France, nous comptons encore sur des « cerveaux providentiels » pour trouver les solutions à tous nos problèmes. Dès l'école primaire, nos méthodes pédagogiques favorisent un élitisme forcené qui se révèle contre-productif. On valorise les performances individuelles au lieu d'apprendre aux écoliers à coopérer. Les moins « scolaires » d'entre eux s'autocensurent avant de se décourager.

Cette manière de travailler se retrouve dans les entreprises. Une hiérarchie pyramidale prévaut encore dans la plupart d'entre elles. Les idées qui germent à la base de cette pyramide se perdent dans les couloirs hiérarchiques avant d'échouer dans une chambre mortuaire.

« L'intelligence, ce n'est pas ce que l'on sait, mais ce que l'on fait quand on ne sait pas », écrivait le grand épistémologue Jean Piaget. En France, lorsqu'il faut prendre une décision importante, il y a beaucoup de gens qui « savent » autour de la table. Ils sont tous issus du même moule. Il manque des avocats du diable, des mouches du coche, des esprits pratiques. Des gens qui savent faire.

« La somme des contributions individuelles est plus importante que la somme des individus tout court », explique Émile Servan-Schreiber[1]. En résumé : 1 + 1 = 3.

1. Entretien avec l'auteur, 16 février 2021.

13

L'épreuve de la fourchette

« Il montait lentement les marches, le cœur battant, l'esprit anxieux, harcelé surtout par la crainte d'être ridicule ; et, soudain, il aperçut en face de lui un monsieur en grande toilette qui le regardait. Ils se trouvaient si près l'un de l'autre que Duroy fit un mouvement en arrière, puis il demeura stupéfait : c'était lui-même, reflété par une haute glace en pied qui formait sur le palier du premier une longue perspective de galerie. »

Avec *Bel-Ami*, Guy de Maupassant a brossé le portrait de l'arriviste. Les parents de Georges Duroy tiennent à l'entrée du village de Canteleu, en Normandie, « un petit cabaret, une guinguette où les bourgeois des faubourgs venaient déjeuner le dimanche : *À la Belle-Vue* ».

Duroy est pressé d'arriver. Mais, à Paris, il crève la faim. Son emploi aux bureaux du chemin de fer du Nord ne lui suffit pas à boucler ses fins de mois. C'est alors qu'il rencontre sur le boulevard un ancien condisciple du 6e hussards, Forestier, devenu directeur politique de *La Vie française*, un journal économique en vue. Ce dernier l'invite à dîner.

Duroy s'est endetté pour s'offrir d'occasion son premier habit. Il se sent gauche, fébrile. Comment se tenir ? Que dire ? Il se tortille, balbutie.

La maîtresse de maison a beau l'avoir rassuré – « Nous sommes ici sans façons, n'est-ce pas ? » –, Duroy est mal à l'aise.

« Madame est servie », annonce le valet. Nouvelle épreuve : « Il se sentait de nouveau gêné, ayant peur de commettre quelque erreur dans le maniement conventionnel de la fourchette, de la cuiller ou des verres. Il y en avait quatre, dont un légèrement teinté de bleu. »

Heureusement pour Duroy, la conversation du dîner lui offrira bientôt une occasion à saisir qu'il ne manquera pas. Malheureusement pour lui, avant de pénétrer chez les Forestier, en s'apercevant dans la glace, il ne s'était pas reconnu : il s'était pris pour un autre. Et ce malentendu lui coûtera cher. Au moins autant que son amour des femmes…

« Les choses n'ont guère changé depuis Maupassant », lit-on en quatrième de couverture de l'édition Pocket de *Bel-Ami*. Vraiment ? Les Georges Duroy doivent-ils toujours subir l'épreuve de la fourchette et des verres à l'heure de Uber Eats et de Deliveroo ?

Le code a changé. Aujourd'hui, l'élite veut faire peuple. Ce qui est une autre forme de mépris, il suffit d'être soi.

Je mesure l'évolution des manières à l'échelle de ma propre carrière. Mes débuts au *Figaro* restent gravés dans ma mémoire comme une course d'obstacles mondains. Au *Figaro littéraire*, le bizutage des nouveaux consistait en une visite à Jean d'Ormesson.

Par une belle matinée d'automne, me voici à Neuilly, sonnant à la porte d'une élégante demeure. Un majordome me fait entrer dans un petit salon. L'écrivain m'y rejoint, précédé par l'incandescence de ses yeux bleus.

– Thé ? Café ?

– Thé, euh, café !

Il demande au majordome de m'apporter également des biscottes.

– Vous aimez les biscottes ?

Je décline timidement. Il insiste :

– Ce jeune homme a faim, Olivier, apportez-lui des biscottes.

Les biscottes arrivent sur un plateau. J'ai hâte de démarrer l'entretien que j'ai préparé comme le concours d'une grande école. Mais Jean d'Ormesson attend que… je mange une de ses biscottes.

– Prenez du beurre, me conseille-t-il d'un œil enfantin.

Au moment où la lame du petit couteau pénètre dans la motte que l'écrivain m'a tendue, je me rends compte que le beurre est dur comme de la glace.

Sentant l'impatience de mon hôte, je parviens à découper un petit bloc que je dépose non sans mal sur la tartine. Au moment où je tente d'étaler le beurre, celle-ci se rompt et vole en éclats. L'un d'eux atterrit sur la cuisse de Jean d'Ormesson. Il s'esclaffe. Je deviens rouge comme une Légion d'honneur.

L'écrivain m'a-t-il fait subir un bizutage ? Je lui poserai la question bien des années plus tard alors que nous sommes devenus amis. De cette amitié qui unit un glorieux aîné à l'un de ses cadets. En guise de réponse, j'obtiendrai un grand éclat de rire. J'ai décidé que la biscotte était un rite initiatique. À chaque fois que je beurre une tartine, je pense à Jean d'Ormesson. De même quand je noue une cravate en tricot autour de mon cou – c'est indémodable, m'avait-il dit, et j'ai adopté cet accessoire de mode.

En relatant cette anecdote, je vais paraître comme un dinosaure. Elle remonte pourtant à la fin des années 1990. Ce n'est pas si loin. À l'époque, le jeune Gérald Darmanin[1] était initié à l'art de se servir sur un plateau de fromages par les Chodron de Courcel : couper en pointe et prendre un fromage de moins qu'il n'y en a sur le plateau.

Les codes ont-ils vraiment changé ?

1. Entretien avec l'auteur, 15 mars 2021.

14

Ils ne voulaient même pas de Giscard sur la photo…

En 2020, l'écrivain et philosophe Gaspard Koenig a traversé à cheval la France (puis l'Allemagne et l'Italie) sur les traces de Montaigne[1]. L'auteur des *Essais* avait accompli ce périple au temps des guerres de religion. Chaque soir, Gaspard dormait chez l'habitant et, très souvent, dînait à la table de ses hôtes.

Lors d'une journée de repos, je lui demandai autour de quels sujets tournaient leurs conversations, il me répondit sans hésitation : « Les normes. Quel que soit leur milieu ou leur profession, les Français n'en peuvent plus de notre millefeuille bureaucratique. » C'est cette toile d'araignée qui explique pour une large part l'importance des réseaux chez nous.

Dans l'imaginaire collectif, le bureaucrate porte un autre nom : l'énarque. « C'est encore un règlement pondu dans un bureau à Paris par un énarque » est l'une des phrases que l'on entend le plus dans les cafés et les fêtes de famille… Les Français se sentent méprisés par

1. Son récit de voyage est accessible sur www.lepoint.fr.

ces énarques, nommés et non élus, qui n'ont aucune idée de la manière dont ils vivent. Que les hauts fonctionnaires fassent l'objet d'un pareil opprobre n'est guère étonnant : « L'État a fabriqué la France, il a "fait" la nation », comme le rappelle l'historien et démographe Hervé Le Bras[1]. L'État cristallise tout. Tout converge vers lui. Il est le cœur de nos névroses nationales.

C'est sur l'État que les Français déversent leurs propos les plus acerbes. La gestion technocratique de la crise de la Covid n'a rien arrangé. Ce sont ces prétendus experts qui sont accusés d'avoir infantilisé les Français[2]. La conférence de presse quotidienne de Jérôme Salomon, le directeur général de la Santé, a remplacé « L'École des fans » de Jacques Martin.

L'ENA, qu'Emmanuel Macron a décidé de remplacer par un Institut du service public, serait donc le centre de formation des méprisants ? Il est révélateur que dans notre pays, pour répondre à une crise, on supprime une école ! Plus que l'ENA, c'est l'État qu'il faudrait réformer.

– L'origine du mépris, comme sa diffusion tel un poison dans toute la société française, elle est là, soutient Anne Hidalgo[3]. Ce qui subsiste du mépris de classe dans notre pays provient encore de ce petit groupe de gens qui ont une haute conscience de leur pouvoir et de leurs capacités à décider du destin des uns et des

1. *Le Monde*, 15 juin 2015.
2. Lire à ce propos *Infantilisation*, de Mathieu Laine, déjà cité.
3. Entretien avec l'auteur, 5 janvier 2021.

autres. S'il y a quelque chose à changer, c'est ça. Il faut s'attaquer à ce cœur du réacteur. Ce que n'a pas fait Macron, parce qu'il en vient. Il leur a laissé les pouvoirs dans la gestion de la crise sanitaire, qui est à bien des égards un désastre bureaucratique.

Le président de la République a commencé à tirer les enseignements de ce « désastre ». Il a annoncé au printemps 2021 une réforme des grands corps de l'État. Son ami Mathieu Laine, fondateur d'Altermind, une société innovante de conseil en stratégie, lui aura probablement suggéré des idées pour rendre l'État plus agile. Sera-t-il entendu par l'énarque Macron ?

– Quand vous n'êtes pas énarque vous-même, m'explique l'essayiste libéral[1], et que vous travaillez dans le privé, certains hauts fonctionnaires cherchent à vous faire sentir que vous n'êtes pas légitime. Ils vous regardent comme une sorte de marchand, ce qui n'a jamais eu bonne presse dans notre histoire. Je ne ressens toutefois jamais ce mépris de classe chez les énarques passés par le privé, comme Emmanuel Macron ou Agnès Pannier-Runacher[2], ou chez ceux qui dirigent des entreprises, comme Alexandre Bompard[3] ou Stéphane Richard[4].

1. Entretien avec l'auteur, 17 mars 2021.
2. Ministre déléguée chargée de l'Industrie.
3. PDG du groupe Carrefour.
4. PDG d'Orange.

Certains énarques sont peut-être méprisants, mais les Français le leur rendent bien.

– Dans le discours anti-ENA, note le directeur de l'école de 2017 à 2021, Patrick Gérard[1], il y a trois sentiments qui s'expriment : la passion des Français pour l'égalité, la relation schizophrénique à l'État et un rejet des élites issues des grandes écoles.

Ce professeur de droit, conseiller d'État, et ancien conseiller de François Bayrou au ministère de l'Éducation nationale, n'a pas fait l'ENA. Il s'amuse volontiers de « l'étiquette » du milieu. Ainsi quand il me montre la photographie de la promotion Europe. Celle de Valéry Giscard d'Estaing. Le futur président ne figure pas sur le cliché car les autres élèves s'y sont opposés. Diplômé de Polytechnique, Giscard a pu intégrer l'ENA grâce au décret du 19 juillet 1948 permettant à un ou deux polytechniciens par promotion d'y entrer sans passer de concours... Aux yeux de ses nouveaux condisciples, il passait pour un intrus.

Patrick Gérard n'en déplore pas moins les « fantasmes » que les Français projettent sur cette école.

– Le fait que quatre présidents de la République et de nombreux Premiers ministres aient étudié à l'ENA crée une confusion dans l'esprit des Français. Les seuls énarques qu'ils connaissent sont des politiques alors que l'ENA ne forme pas à la politique ! 6 800 élèves se

1. Entretien avec l'auteur, 24 mars 2021.

sont succédé depuis la création de l'école : 250 seulement ont eu une carrière politique !

Patrick Gérard veut tordre le cou à une autre idée reçue : celle qui voudrait que l'école « tienne » la haute fonction publique. Dans son rapport de juillet 2014[1], « L'encadrement supérieur et dirigeant de l'État », Arnaud Teyssier écrit que « le recrutement direct par les deux écoles [ENA et Polytechnique], loin d'être monopolistique, est en réalité minoritaire, et cette réalité s'est accentuée avec la baisse marquée des effectifs de leurs promotions au cours des dernières années ».

Il n'empêche. Ne pas avoir fait l'ENA reste un handicap dans certaines carrières. À commencer justement par la politique. Il a fallu que l'ancien judoka David Douillet pèse de tout son poids de ministre des Sports pour permettre à un jeune membre de son cabinet, un certain Gérald Darmanin, « simple » diplômé de Sciences Po Lille, de devenir son directeur de cabinet.

– Tu verras, ils ne m'accepteront pas, m'a dit Gérald, se souvient Douillet[2]. J'avais dû traiter le dossier directement avec le Premier ministre, François Fillon.

L'ancien Premier ministre Manuel Valls, qui n'a pas fait l'ENA lui non plus, a senti la puissance de cet entre-soi. Mais il a cherché à la contrebalancer par son

1. Avec Éric Ferri, Jean Guillot, Françoise Camet et Philippe Lévêque.

2. Entretien avec l'auteur, 18 mai 2021.

expérience d'élu et de militant politique. Et il a appris en marchant[1] :

– Mes quatre années au cabinet de Lionel Jospin, à Matignon, m'ont énormément aidé à apprendre le fonctionnement de l'appareil de l'État et du gouvernement.

L'ancien patron de l'ENA, Patrick Gérard, ne nie pas les formes de mépris que produit son école. Il les met sur le compte de l'esprit de compétition exacerbé des étudiants. Sa préoccupation est plutôt la perte d'attractivité de la fonction publique :

– À force de taper sur les élites, on décourage les vocations au service du pays[2].

Selon les énarques eux-mêmes, leur pouvoir va déclinant, comme le confie Jean-Pierre Jouyet, cet ancien élève de la promotion Voltaire (celle de François Hollande et de Ségolène Royal). Quant à Bernard Tapie, il est plus brutal :

– Tu as deux cerveaux, me dit celui-ci[3]. Celui de l'acquis : ça, c'est ceux qui dirigeaient le pays avant – énarques, centraliens, polytechniciens. On a acquis un savoir. Cela a un avantage, on est consistants et maîtrisés dans nos convictions puisque nous avons tous les mêmes. On est gâtés par la vie : on est hauts fonctionnaires, on a les manettes, on a tout. Ceux-là sont en train de glisser maintenant vers le chapeau numéro

1. Entretien avec l'auteur, 13 janvier 2021.
2. Entretien avec l'auteur, 24 mars 2021.
3. Entretien avec l'auteur, 25 novembre 2020.

deux : ils ne sont plus tout en haut. Aujourd'hui, pour être tout en haut, l'acquis ne suffit plus. Il faut l'inné : le cerveau de l'imaginaire et de la créativité. La société actuelle, qui bouge sans arrêt, oblige à être de plus en plus créatif. Tout ce qui était acquis est remplacé par l'intelligence artificielle. On n'a plus besoin de ces gens-là !

Mais qui donc les Français vont-ils bien pouvoir mépriser désormais ?

L'abbé qui voulait réconcilier la noblesse avec le commerce

« Certains de vos hauts fonctionnaires considèrent le secteur privé comme votre noblesse d'épée considérait le commerce : c'est une activité avilissante. » Ce patron étranger travaillant en France, qui lâche cette sentence lors d'un petit déjeuner, connaît bien notre histoire. Sous l'Ancien Régime, il était en effet interdit de se livrer au commerce sous peine de perdre ses « privilèges de noblesse » et d'être imposé à la taille, comme le stipule une ordonnance de 1560. C'est ce qu'on appelle la dérogeance, autrement dit la dégradation. En 1756, l'abbé Coyer (1707-1782) publia, d'abord anonymement à Londres, un texte intitulé *La Noblesse commerçante* contre ce qu'il nomme « l'œil de mépris » porté sur le commerce (contrairement à l'Angleterre – naturellement plus ouverte, car sa prospérité repose justement sur cette activité – la France s'est construite par la guerre et, partant, par l'impôt du sang). « C'est un grand malheur pour le commerce de n'être vu que de loin par ceux qui donnent le ton aux idées publiques, écrit-il. Nous jugeons les négociants de Marseille et de Bordeaux par les marchands de la rue Saint-Denis ; et cette capitale, aussi légère dans les propos que frivole dans ses goûts, répand ses préjugés dans tout le royaume. » Et il s'adresse en ces termes à l'aristocratie : « Noblesse française, que la fortune a maltraitée, la nature vous fit pour jouir. Voulez-vous toujours ressembler au malheureux Tantale ? [...] Devenez, par le commerce, des dieux tutélaires pour vos femmes et vos enfants. Devenez, pour la Patrie, les nourriciers des terres, la vie des arts, le soutien de la population [...] N'est-il pas temps de vous ennuyer de votre inutilité et de votre misère ? »

15

L'école nationale du mépris (ENM)

Bernard Tapie ne retient plus ses larmes. Depuis plusieurs mois, avec le directeur adjoint de la rédaction du *Point*, Jérôme Béglé, nous lui rendons régulièrement visite pour recueillir ses confidences en vue d'un grand entretien à paraître dans le journal.

Le rituel est immuable : nous sonnons à l'interphone de son hôtel particulier, rue des Saints-Pères, à Paris. Il nous accueille sur le perron. Nous déposons nos manteaux dans un vestibule et nous rejoignons notre hôte devant la cheminée du salon. Les canapés sont moelleux. On s'y endormirait volontiers. Mais Tapie nous maintient en éveil.

En cet hiver 2020-2021, ce cogneur lutte contre le K.-O. annoncé par ses métastases. Il livre aussi un autre combat, judiciaire celui-là, dans l'interminable affaire Adidas. Le procès du Crédit lyonnais, c'est sa Champions League. Le cancer ? Son mont Ventoux. Poings et mâchoires serrés, l'homme d'affaires avance vers son destin comme il l'a toujours fait : au culot. En narguant Dieu et le diable.

Mais quand je lui demande si la situation matérielle de son épouse Dominique est assurée s'il venait à mourir, il craque. Le tribunal de commerce est sur le point de vendre le studio qu'elle a acheté lorsqu'elle est arrivée à Paris.

Bernard Tapie se sent coupable de cette situation. Il a peur pour Dominique.

Un homme lui a promis de se porter acquéreur du studio, quoi qu'il en coûte. Cet homme a une dette à l'égard de Tapie : il s'appelle Xavier Niel, le créateur de Free.

– Un jour, se souvient Tapie[1], Niel est venu me voir avec deux copains à lui, Marc Simoncini [de Meetic] et Jacques-Antoine Granjon [de Veepee]. Ils n'ont pas leur bac, ces gars-là. Ils m'ont expliqué que c'est en regardant mon émission « Ambition » qu'ils ont eu envie. Tu ne sais pas le nombre de milliers de gens en France qui sont dans ce cas-là. Des milliers. J'étais le premier à leur dire : c'est possible. Je dis à Niel : « Ah bon, c'est donc moi qui t'ai donné envie d'être chef d'entreprise ? » Il me dit : « Non, t'as pas compris. Moi, j'ai eu envie d'être toi. » Je lui dis : « Pourquoi ? » Réponse : « Maintenant que je suis riche, je suis comme les autres. Moi aussi, j'ai un jet. Et tous les riches à l'époque avaient un jet. Mais toi, tu m'as scié, tu pilotais ton jet ! »

Xavier Niel accompagnera Bernard Tapie jusqu'à son dernier souffle. Les méprisés ne font partie d'aucune

1. Entretien avec l'auteur, 25 novembre 2020.

association d'anciens élèves, mais ils partagent quelques blessures et l'orgueil d'avoir réussi envers et contre « tous ». Je me souviens que mon père aussi regardait « Ambition » à la télévision. Il a fait l'essentiel de sa carrière professionnelle de vendeur dans la même entreprise : la colle UHU. À un moment, j'ai senti qu'il hésitait à voler de ses propres ailes. L'effet Tapie ?

François Pinault n'est pas intime de Bernard Tapie. Mais alors que je l'interroge sur lui au tout début du printemps, il dit[1] :

– Au soir de sa vie, il mérite considération et admiration. On lui pardonne ses supposées turpitudes. S'il avait su changer de logiciel à temps, cet homme serait sans doute devenu président de la République.

Qu'entend-il par « logiciel » ?

– Quand on vient d'où des gens comme Tapie et moi venons, il faut se créer ses propres garde-fous. Les écarts que l'on tolère à vos débuts, on ne vous les passe plus ensuite. Il faut, à chaque étape, s'entourer des personnes compétentes et rigoureuses. Cela peut être un bon chef comptable, un bon directeur administratif. Depuis quarante ans, je travaille avec la même assistante, qui entre autres épluche toutes mes notes de frais.

Est-ce leur trajectoire de vie commune qui a également rapproché François Pinault d'Anne Hidalgo ?

– Le parcours de cette femme m'impressionne, dit-il. Elle a ramé. Elle est dans l'action, elle est précise.

1. Entretien avec l'auteur, 24 mars 2021.

Quelques semaines plus tôt, j'ai interrogé l'édile[1] sur sa proximité avec François Pinault et Nicolas Sarkozy :

– On se reconnaît, me répond-elle d'un air malicieux dans son grand bureau de l'Hôtel de ville de Paris. Alors que les autres ne nous reconnaissent pas en raison de nos origines. Nous parlons la même langue. Je comprends les mots de Sarkozy et de Pinault. C'est de l'ordre de l'expérience de vie. Cela crée non pas de la complicité – on ne se tient pas les coudes –, mais un intérêt réciproque. Leur histoire de vie m'intéresse car elle doit un peu être en résonance avec la mienne.

Nicolas Sarkozy ne nie pas cette bonne entente avec la maire de Paris. Mais il préfère me répondre autrement[2] :

– La seule chose qui m'intéresse, c'est ce que font les gens, pas ce qu'ils prétendent qu'ils vont faire.

À ses débuts politiques, Nicolas Sarkozy a pris appui sur celui qu'il appelle un de ses « semblables » :

– Heureusement, un type totalement en dehors du système, Charles Pasqua, a vu que j'avais peut-être un potentiel et il m'a dit : « Toi, viens avec moi. » Lui-même étant le summum de la différence. Il a été dans la Résistance à 16 ans. Il est resté illégitime jusqu'au bout.

1. Entretien avec l'auteur, 5 janvier 2021.
2. Entretien avec l'auteur, 7 janvier 2021.

Il était corse, il avait l'accent : autant dire qu'aux yeux de la bien-pensance il ne pouvait pas être honnête !

Un ministre de l'Intérieur et un garde des Sceaux ne sont généralement pas faits pour s'entendre. Entre la police et la justice, c'est une cascade de mépris qui coule là encore. Gérald Darmanin et Éric Dupond-Moretti ne sont pas d'accord sur tout, loin de là, et le second a pris ses distances avec le premier quand il a parlé d'ensauvagement de la société. Mais les deux hommes cohabitent plutôt bien. Entre fils de femmes de ménage du Nord, on se comprend.

– Dupond a une tête de Gilet jaune, dit Darmanin[1]. Après la mort d'Olivier Dassault, il m'a appelé : « Tu te rends compte, Gérald, ils disent qu'il aimait la photo et pilotait des avions, mais pas un mot sur le fait qu'il était chasseur ! »

– Moi, je me fiche de l'origine sociale, me dit un peu plus tard Dupond-Moretti[2]. Le métier d'avocat m'a rendu éclectique. J'ai défendu tout le monde, des gens richissimes et des mendigots. C'est du 360 degrés permanent. Des coupables, des innocents, des notaires, des putes... Je ne me lie pas avec un type parce qu'il est dans mon nouveau statut social. Faut qu'il m'intéresse, qu'il soit sympathique... Ce serait une forme de ségrégation.

1. Entretien avec l'auteur, 15 mars 2020.
2. Entretien avec l'auteur, 7 janvier 2021.

Dupond-Moretti et Darmanin sont la cible du mouvement #MeToo. Ils se sont retrouvés en couverture du journal *Libération* avec ce titre : « C'est mâle parti ».

– C'est beau, ce canard de gauche, fondé en partie par maître Henri Leclerc, qui est bien respectueux de la présomption d'innocence ! me confie le garde des Sceaux.

Auparavant, Darmanin était ministre du Budget. À Bercy, il a côtoyé un autre ministre d'origine modeste, venant du Parti socialiste, Olivier Dussopt, qui l'a remplacé au Budget (qui s'appelle aujourd'hui ministère des Comptes publics), à ce poste charnière qu'a notamment occupé Nicolas Sarkozy.

– Nous sommes devenus complices en raison de nos origines, me raconte Dussopt[1]. Lors des réunions à Bercy, nous étions la plupart du temps les deux seuls non énarques autour de la table. Nous nous adressions des clins d'œil. Je me souviens d'une réunion de travail sur les quotas dans l'administration : nous étions les seuls à nous opposer à cette mesure.

Dans un autre genre, l'animateur-producteur de télévision Cyril Hanouna et le tycoon Vincent Bolloré se sont naturellement trouvés.

– C'est la rencontre qui a changé ma vie, affirme le premier[2].

1. Entretien avec l'auteur, 7 janvier 2021.
2. Entretien avec l'auteur, 21 décembre 2020.

Bolloré venait de lancer Direct 8. Hanouna est invité à une émission de la chaîne. Le Breton l'attend à la sortie.

Hanouna ne savait pas qui il était. Bolloré se présente et lui propose d'aller discuter dans son bureau. Il avait vu ce que l'animateur faisait sur Comédie et il lui dit : « Tu vas faire une grande carrière, je le sens. Dans la famille, on sent les talents. » Les deux hommes échangent leur numéro.

Bolloré ne va pas lâcher Hanouna. Un SMS par-ci par-là : « Qu'est-ce que tu fais ? », « Ça avance pour toi ? », « Donne-moi des news »... « Cyril, j'ai pensé à toi. Ça va être la Coupe du monde. Quand la France joue, y a qu'un fou qui peut tenir une émission en face, c'est toi. Viens à Paris, tu vas me faire une émission sur Direct 8. »

Cyril Hanouna parle de Vincent Bolloré avec un respect mâtiné de complicité canaille.

– Je rigole avec lui. Il ne m'a jamais lâché. Les critiques glissent sur lui. C'est impressionnant. Il m'a appris à mieux encaisser.

16

Les morsures de l'aube

« On meurt d'un coup de couteau dans le dos, pas d'une humiliation », disait Jacques Brel. Mais la vie sociale nous inflige parfois des blessures irrémédiables.

À onze ans, François Pinault, l'enfant de Trévérien, est envoyé en pension au lycée Saint-Martin de Rennes, à trente kilomètres de chez lui. Un saut gigantesque.

– Je viens d'un pays où l'on parlait le gallo, me raconte-t-il[1]. C'est mon institutrice, Mme Cadiou, qui m'a appris le français. Mais je roulais les *r*, j'avais un accent. Lorsque je suis arrivé à Saint-Martin, on m'a bien fait comprendre que j'étais un plouc.

Un jeudi par mois, sa mère lui rend visite. Sa tenue noire de paysanne attire les regards moqueurs des condisciples du garçon.

– Ma mère apportait son cabas pour le déjeuner. Nous allions dans un petit bistrot, le café Poncel, sur la porte duquel il était inscrit : « Ici on peut apporter son

---

1. Entretien avec l'auteur, 24 mars 2021.

manger ». Elle déballait le casse-croûte qu'elle avait apporté. Les copains se foutaient de ma gueule.

Pour les vacances, François rentrait aider son père dans une petite scierie. À la rentrée, ses camarades, qui avaient pris le bon air à Saint-Lunaire ou à Saint-Malo, l'interrogeaient sur son lieu de villégiature.

– Je mentais. Le mépris social vous rend honteux de votre condition, c'est terrible.

Cette honte, Michel Onfray la ressent encore comme une banderille plantée dans son honneur. Elle a pris plusieurs formes dans son enfance et son adolescence. La première fut une feuille de papier d'aluminium. Sa mère était femme de ménage. De temps en temps, elle faisait des « extras » et servait chez un propriétaire terrien de Chambois, dans l'Orne :

– Un jour, après son service, ma mère nous a apporté quelque chose dans du papier d'aluminium, se souvient Michel Onfray[1]. C'était la première fois que j'en voyais. Elle l'a déroulé : je me souviens encore du bruit. À l'intérieur, il y avait des restes de poulet. Elle nous a dit : « C'est monsieur Paul qui m'a donné ça : "Hélène, prenez, sinon on le mettra à la poubelle." » Je me suis dit : c'est formidable, on nourrit les pauvres avec les poubelles des riches. J'avais 9-10 ans. Je n'avais pas de conscience politique. Je n'ai pas mangé de ce poulet-là. Je n'allais pas manger la poubelle des riches. Ce n'était pas fait pour humilier, mais c'était humiliant.

1. Entretien avec l'auteur, 12 novembre 2020.

Aussi loin que je m'enfonce dans la jeunesse de Michel Onfray, je trouve des plaies à vif. Plus que la lecture de Marx, ce sont elles qui l'ont éveillé à la lutte des classes. Quelques années après l'épisode du papier d'aluminium, il effectue un stage d'été à la laiterie de Chambois. Dans la salle de travail, il ne fait jamais moins de trente degrés pour faciliter la présure. Tout le monde est trempé et dégoulinant de petit-lait. Une forte odeur règne dans l'atmosphère. Le contremaître de la laiterie n'est pas apprécié. Son attitude est jugée humiliante. Il décide du moment où chacun est autorisé à prendre son casse-croûte. Quand l'un d'eux s'absente, il doit être remplacé pour ne pas interrompre la chaîne de production.

– Je lui ai fait signe pour réclamer ma pause. Il m'a fait un geste méprisant qui voulait dire : va bouffer, gueux. Je n'ai pas accepté ses signes de singe. Je me suis levé, ce qui a provoqué le bourrage du moteur, et je me suis avancé vers lui. Je me revois retirant mon calot, mon tablier de plastique blanc puis lui hurlant dessus. Je lui ai dit ce que j'avais sur le cœur.

Aujourd'hui encore, Michel Onfray pense aux gens de la laiterie :

– J'ai des devoirs à leur égard. C'est la fonction du tribun de la plèbe.

Monte-Cristo, Arsène Lupin et les autres

« Bizarrement, j'ai toujours eu les codes, estime l'avocat Georges Kiejman. J'ai lu très tôt et il n'y a pas mieux que la littérature pour vous donner les codes. »

Parce qu'elle éveille l'esprit et apprend l'altérité, celle-ci apparaît comme le dernier rempart de l'ascenseur social. Dans l'adversité et le doute, certains héros de la littérature peuvent être de précieux complices :

– Le comte de Monte-Cristo (Alexandre Dumas) ;
– Élisabeth Rousset dans *Boule de suif* de Maupassant ;
– Jane Eyre (Charlotte Brontë) ;
– Arsène Lupin (Maurice Leblanc) ;
– Martin Eden (Jack London).

Mais aussi :

– Théodora, la saltimbanque et courtisane devenue impératrice, qui inspira de nombreux écrivains, et dont on lira la biographie sous la plume de l'historienne Virginie Girod (Tallandier, 2018) ;
– La Kahina, guerrière berbère qui a notamment inspiré Kateb Yacine (*Parce que c'est une femme*, Éditions des Femmes, 2004).

17

« Sauf le respect que l'on vous doit, on ne veut pas de femmes… »

Représenter le peuple, être le tribun qui parle au nom des autres : c'est souvent un chemin, presque une mission pour tous ces hommes – ces femmes – qui se sont un jour sentis humiliés. Anne Hidalgo a connu cette expérience dont elle a d'ailleurs fréquemment parlé. De fait, elle a vécu une partie de son adolescence dans une cité lyonnaise, à la Duchère. Des bandes de garçons faisaient la loi.

Pour ne pas être importunées par eux, Anne et sa sœur Marie ont trouvé un subterfuge :

– Un jour, ils étaient attroupés au pied de notre immeuble, se souvient la maire de Paris[1]. Nous avions eu peur alors nous nous sommes mises à boiter pour leur faire croire que nous étions handicapées. Ils ont compris que nous nous moquions d'eux. Ils se sont mis à nous courser. Heureusement, nous courions vite. Nous avons réussi à nous enfuir.

Anne Hidalgo s'est depuis imposée dans un monde

1. Entretien avec l'auteur, 5 janvier 2021.

d'hommes, la politique. Le sexisme a selon elle davantage pesé sur sa carrière que le mépris de classe.

En 2001, Bertrand Delanoë la désigne première adjointe au maire de Paris chargée de l'égalité hommes/femmes et du bureau du temps. Cet organisme doit notamment aménager les horaires des services municipaux.

– Quand ils passaient devant mon bureau ou me croisaient, beaucoup d'hommes, y compris ceux de la majorité municipale, me demandaient l'heure. Ils me faisaient comprendre que j'avais le rôle de l'alibi, raconte l'intéressée.

À l'instar d'Anne Hidalgo, les personnalités féminines que j'ai interrogées pour ce livre peuvent citer spontanément de nombreuses situations de mépris qu'elles ont subies.

Les femmes « additionnent » les mépris, comme le remarque Natacha Quester-Séméon, entrepreneuse du numérique et directrice du mouvement « Jamais sans elles », qui œuvre pour une meilleure mixité :

– On les juge encore beaucoup sur leur apparence et on ne leur laisse rien passer[1]. Elles éprouvent parfois un sentiment d'imposture : remplis-je bien mon rôle ?

Je le vois dans les réunions : elles ont du mal à prendre la parole. Les voix masculines dominent le concert. Pour espérer se faire entendre, elles doivent tirer sur leurs cordes vocales, ce qui crée une dissonance. Depuis que

1. Entretien avec l'auteur, 12 avril 2021.

l'on m'a demandé d'encadrer des rédactions, j'ai promu autant de femmes que je le pouvais, dès lors qu'elles étaient compétentes. Mais c'est bien peu de chose.

De nombreuses femmes ayant des responsabilités le disent : on considère leur sexe avant leur fonction.

– Lorsque j'ai lancé mon cabinet, se souvient la chasseuse de têtes du CAC40 Brigitte Lemercier, on me disait : « Sauf le respect que l'on vous doit, on ne veut pas de femmes. » Aujourd'hui, les entreprises cherchent des femmes pour leurs postes opérationnels. Mais les femmes dirigeantes n'osent pas toujours se projeter au-delà d'un certain niveau. Elles doivent prendre le pouvoir sur leur ambition et se penser légitimes afin d'affronter la concurrence pour les postes au sommet.

Seuls 30 % des cadres des soixante plus grandes entreprises françaises sont des femmes, alors qu'elles représentent près de la moitié de la population active.

En 2021, une seule entreprise du CAC40 (Engie) est dirigée par une femme (Catherine MacGregor) et les femmes ne représentent que 22 % des effectifs des comités exécutifs au sein du SBF 120 (contre 7 % en 2009). Sexisme ou mépris ? Les deux !

– J'étouffe en France à cause de ce machisme persistant, confie Aurélie Jean, scientifique et entrepreneuse des deux côtés de l'Atlantique[1]. On remet encore trop souvent en question le talent d'une femme et sa réussite. On ne leur réserve qu'une infime part du gâteau dans les arcanes du pouvoir. Et on les voit encore trop

1. Entretien avec l'auteur, 12 octobre 2020.

souvent comme des femmes avant de les voir comme des professionnelles.

Certaines, qui y parviennent, succombent parfois à leur tour aux travers dominants :

– Ce n'est pas parce qu'on est une femme qu'on est plus solidaire avec les autres femmes, note Natacha Quester-Séméon[1]. Dès qu'elles ont réussi, certaines referment la porte derrière elles.

Ou bien pire… Ainsi qu'en témoigne l'ancienne directrice du *Monde des livres*, Josyane Savigneau[2] :

– Le mépris social ne vient pas que des hommes, et pas que des gens bien nés. Dans son *Journal de l'année* au Seuil, Régine Deforges avait écrit à mon propos : « Échappée d'un supermarché de Châtellerault pour venir diriger *Le Monde des livres* ». Elle a été étonnée quand des années plus tard j'ai pris un rendez-vous pour faire un portrait d'elle. Elle a voulu me faire des excuses. Je lui ai dit : « C'est trop tard, le mal est fait, mais je ne suis pas quelqu'un qui a du ressentiment et je fais mon métier. » Elle a été enchantée du papier. Puis elle est morte. J'ai fait une nécro très chaleureuse. Mais tout de même, elle avait écrit ça dans un livre. Elle qui venait de Montmorillon !

Pour promouvoir la féminisation des sphères dirigeantes de notre pays, on use d'un argument moral. Alors que c'est un impératif économique, comme l'a

1. Entretien avec l'auteur, 13 avril 2021.
2. Entretien avec l'auteur, 23 décembre 2020.

bien analysé Émile Servan-Schreiber, chercheur en sciences cognitives et patron de l'entreprise Hypermind : « En comparant le taux de féminisation à la performance économique de chaque entreprise, l'observatoire Skema, dirigé par le professeur Michel Ferrary, a découvert une forte corrélation entre les deux variables, écrit-il dans son livre *Supercollectif*[1]. De même que les groupes féminisés sont plus intelligents, les entreprises dont l'encadrement est plus féminisé sont généralement plus rentables. »

Un constat édifiant qui vaut tous les discours !

1. Ouvrage cité.

18

« Ta peau est noire, c'est de la merde »

De toutes les humiliations, le racisme est la plus brutale, la plus injuste. Son jugement est sans appel. Il vous crucifie. C'est le mépris de tous les mépris. Il est encore vécu chaque jour par de nombreux Français.

« Tout le monde le sait bien, qu'il n'y a pas de racisme mais *des* racismes, disait Guy Bedos. Racisme anti-pauvre, racisme anti-jeune, racisme anti-femme, racisme anti-arabe… Alors, si vous êtes une pauvre jeune femme arabe !… »

Un matin, alors qu'elle vient de fêter ses 10 ans, Élisabeth Moreno se rend à l'école avec l'une de ses sœurs. Sur le chemin, elles croisent un élève que tout le monde craint : un embrouilleur, comme on dit. Élisabeth et sa sœur continuent à marcher en feignant de ne pas l'avoir vu. Parvenues à sa hauteur, elles se font bousculer. Élisabeth interdit à sa sœur de s'arrêter. Leurs parents leur ont dit un jour : « Gardez toujours la tête haute. » Devant l'impassibilité des deux sœurs, l'importun se vexe et les rattrape.

– Il s'est approché de moi, se souvient la ministre[1]. Il m'a fixée comme une bête curieuse et il a posé son doigt sur mon bras. Il a alors prononcé cette phrase que je ne peux citer sans qu'elle fasse remonter toute la rage en moi : « Même ta peau est noire, c'est de la merde. »

La sœur d'Élisabeth fond en larmes. L'aînée ravale les siennes. Prenant son courage à deux mains, elle menace le garçon de lui « casser la gueule ».

– Ce jour-là, confesse Élisabeth Moreno, je me suis découvert une force en moi que j'ignorais. J'ai pris conscience que j'avais les ressources pour mépriser le racisme.

Face au mal, il faut agir comme au judo : utiliser la force de son agresseur pour la retourner contre lui. Ne jamais aller au tapis.

C'est la leçon qu'a retenue le galeriste Kamel Mennour de l'humiliation de ses 14 ans. Il porte alors encore le nom de son père : Medjoub. Un samedi après-midi, avec ses amis de Belleville, il chausse ses rollers. Direction : La Main jaune, une boîte de nuit qui ouvre ses portes en journée pour les plus jeunes. La joyeuse bande se présente devant le physionomiste, qui laisse entrer tous les adolescents sauf un : le seul Arabe de la bande. Solidaires, les copains de Kamel ressortent.

– C'est la seule fois de ma vie où j'ai éprouvé du

1. Entretien avec l'auteur, 21 décembre 2020.

ressentiment, confie-t-il[1]. On m'interdisait l'entrée parce que je m'appelais Kamel. Ça m'a fait mal. C'est la première fois que je sortais de ma bulle de Belleville et de Montreuil, où nous vivions entre nous. J'étais dans une sorte d'insouciance et de naïveté, alors que dans la rue c'était brutal, sauvage.

En rentrant chez lui, le jeune homme raconte tout à sa mère. Il la supplie d'aller voir le physionomiste.

– Ma mère m'a répondu : « Tu sais, malheureusement, tu vas vivre des choses comme ça, c'est la vie. Ça va t'armer, t'endurcir. » J'ai compris la musique. Il me faudrait être toujours plus agile car j'étais lesté par ce truc. J'en ai fait quelque chose de très positif. Quatre ou cinq ans plus tard, je suis entré au Privilège et aux Bains-Douches, des boîtes où personne ne rentrait. Au Privilège, je m'asseyais à côté de Robert de Niro ! Je rentrais avec les plus belles filles de Paris. C'était la clé pour être admis dans ces établissements.

Le vigile de La Main jaune, qui a barré la route de Kamel Mennour, a probablement appliqué les consignes du patron de l'établissement. Dans les années 1980 à Châteauroux Jeannette Bougrab a vécu des vexations similaires. L'ancienne secrétaire d'État à la Jeunesse de François Fillon est fille de harkis.

– D'un côté, nous étions les sales traîtres, de l'autre nous étions les bougnoules, se souvient-elle[2].

1. Entretien avec l'auteur, 26 novembre 2020.
2. Entretien avec l'auteur, 11 décembre 2020.

Un beau jour, son père apprend qu'il va être décoré de la Légion d'honneur. Une cérémonie doit être organisée. Alors étudiante, Jeannette l'emmène chez Kiabi pour acheter un costume :

– Mon père était un vieux chibani ; ma mère, diabétique, était presque aveugle. Notre entrée dans le magasin a été très remarquée. En France, quand vous êtes basané, vous êtes suivi par le vigile, qui est noir. Le vigile de Kiabi l'était. Il nous a surveillés comme si on allait voler des vêtements. Je me suis approchée de lui pour le lui dire. Depuis cet épisode, j'ai une phobie des magasins.

Quand je l'interroge sur les paroles les plus méprisantes qui l'ont visé, l'animateur Cyril Hanouna me répond du tac au tac[1] :

– J'ai entendu que j'étais un animateur de bar mitzvah.

Il ne me présente pas cette remarque comme antisémite. Il n'empêche, c'est bien Hanouna, le Juif tunisien, qui est visé par certains de ses détracteurs. Une étude de l'Ifop pour la Fondation pour l'innovation politique, rendue publique en janvier 2020, montre que 34 % des Juifs en France « se sentent menacés en raison de leur appartenance religieuse ». 63 % d'entre eux déclarent avoir vécu « des moqueries désobligeantes ou propos vexants ».

1. Entretien avec l'auteur, 21 décembre 2020.

En 1962, l'historien Jules Isaac, le coauteur des célèbres manuels « Malet et Isaac », avait publié un ouvrage, qui fait encore référence, sur les racines chrétiennes de l'antisémitisme. Il y fait la revue de tous les préjugés, de tous les sentiments de méfiance, d'hostilité et de haine à l'égard des Juifs, « le peuple déicide ». Le titre de son livre ? *L'Enseignement du mépris*...

« Mieux vaudrait, me dit-on, faire œuvre positive : au lieu d'incriminer l'enseignement du mépris, instaurons l'enseignement de l'estime. Mais l'un ne va pas sans l'autre... », écrit celui qui mourut un an plus tard, et dont une partie de la famille fut gazée à Auschwitz.

La question reste d'actualité. 1,1 million de personnes disent avoir été victimes d'au moins une atteinte à caractère raciste, antisémite ou xénophobe en 2019, selon une étude de l'Insee et de l'Ined. Les actes racistes ont augmenté de 38 % depuis 2018, selon les chiffres du Service central du renseignement territorial. Cette augmentation est de 27 % pour les actes antisémites (687 actes), 54 % pour les actes anti-musulmans (154 actes) et de 130 % pour tous les autres actes racistes (1 142 actes).

– Si je m'étais appelé Moussa, mon deuxième prénom, au lieu de Gérald, je n'aurais probablement pas été élu tout de suite, estime le ministre de l'Intérieur Gérald Darmanin, petit-fils d'un tirailleur algérien.

19

« Secrétaire de direction, c'est déjà très bien »

J'ai deux enfants : une fille de 13 ans et un garçon de 11 ans. Les méthodes d'éducation qu'on leur dispense n'ont guère évolué depuis que j'ai quitté l'école. Alors que le monde, lui, a connu de profonds bouleversements avec la révolution technologique.

La vie en classe se déroule toujours de la même manière : l'instituteur ou le professeur, au tableau, dispense un cours magistral. Les élèves, rangés en rangs, prennent des notes en l'écoutant (presque) religieusement. Notre enseignement demeure essentiellement vertical. Il y a toujours aussi peu de place pour le travail en groupe. C'est le règne du chacun pour soi. Les jeunes Français n'apprennent pas à travailler en groupe. Dans la dernière étude Pisa (Programme international de suivi des acquis), seuls 45 % des élèves français ont déclaré qu'ils coopèrent entre eux dans leur établissement, contre 62 % en moyenne dans les pays de l'OCDE. Le système éducatif français demeure largement une « machine à trier, à classer et à diviser[1] ». Il est conçu pour les meilleurs, très majoritairement issus de milieux favorisés. Un élève défavorisé n'a qu'une chance sur six de fréquenter le même lycée qu'un élève très performant.

« De tous les pays de l'OCDE, seule la Hongrie affiche plus de déterminisme social que la France », selon Laurence Boone et Antoine Goujard, respectivement cheffe économiste de l'OCDE et économiste auprès de cette institution[2]. Les deux analystes montrent que l'influence du milieu social sur le niveau d'instruction est l'une des plus fortes des pays de l'OCDE.

Aristocratique, endogamique et verticale, notre éducation nationale produit les résultats médiocres que l'on sait. 15 % des écoliers français ont de faibles compétences en compréhension de lecture et en mathématiques, l'une des proportions les plus élevées de l'OCDE. Notre école produit de la défiance. Mais aussi du mépris.

– Les enfants lents, indisciplinés ou qui ont des capacités autres que cognitives sont des enfants perdus dans ce système. L'école fait œuvre de charité à leur égard, explique le politologue Dominique Reynié[3], qui fut

1. Pierre Cahuc, Stéphane Carcillo, Olivier Galland et André Zylberberg, *La Machine à trier*, Eyrolles, 3e éd., 2017.

2. « La France, les inégalités et l'ascenseur social », 2019 ; https://oecdecoscope.blog/2019/02/25/la-france-les-inegalites-et-lascenseur-social/.

3. Entretien avec l'auteur, 6 novembre 2020.

pourtant un mauvais élève avant de réussir à intégrer Sciences Po.

Ce mépris scolaire si loin de l'esprit des « hussards noirs » chers à Péguy, Anne Hidalgo l'a entendu dans la bouche de son professeur de mathématiques de seconde. Elle en garde un souvenir meurtri[1] :

– Mon père m'avait emmenée à ce rendez-vous. Le professeur lui a dit en substance : « Bon, votre fille a les capacités pour faire des études supérieures, mais je vous le déconseille parce que, vous savez, après, vous ne serez plus du tout du même niveau social. Et ça va être très difficile à gérer. » Là, j'ai cru que mon père allait lui mettre un pain dans la figure, mais il était très pacifique, alors il a réussi à se retenir. Moi, j'étais là, j'écoutais, c'est une humiliation de voir ce type dire ça. J'étais au milieu, choquée, timide. Je ne savais pas comment réagir à ça. Et il a surenchéri : « Secrétaire de direction, c'est déjà très très bien. Qu'elle aille dans cette voie. Cela vous permettra de garder un lien familial. »

Le système éducatif français valorise la capacité à restituer des connaissances. Les autres qualités sont peu ou pas reconnues. Vous pouvez être curieux de tas de choses, sensible, créer du lien dans votre classe, être doué de vos mains, cela n'est pas pris en compte. Un seul modèle d'intelligence est accepté. Ou bien vous

1. Entretien avec l'auteur, 5 janvier 2021.

passez dans l'entonnoir, ou bien vous êtes mis sur le bas-côté.

Selon la dernière étude Pisa, 57 % des élèves estiment que les enseignants ne s'intéressent pas à leur progression. Les moins doués se disent littéralement « méprisés ». Contrairement à une idée reçue, l'anxiété des élèves n'a pas de lien avec la fréquence des évaluations. Mais elle dépend des pratiques enseignantes. Celles-ci manquent cruellement de bienveillance.

Depuis 2017, un nouveau ministre de l'Éducation nationale est à l'œuvre, Jean-Michel Blanquer. Son maître mot : l'école de la confiance. L'institution scolaire donne le *la* aux entreprises et à l'État. Le mépris s'attaque à la racine.

Un homme en sait quelque chose.

Les monuments de Paris

Deuxième visite : Nicolas Sarkozy

Rue de Miromesnil, à Paris, un livre est posé sur le bureau de l'ancien chef d'État : *Le Tour du malheur*, de Joseph Kessel. Nicolas Sarkozy s'est-il reconnu dans le personnage central de ce roman-fleuve que l'auteur des *Cavaliers* composa pendant près de trente ans ?

– Richard Dalleau, c'est qui ? lance-t-il[1]. Un gamin qui a fait les tranchées à 19 ans. Il vient d'une famille très modeste et il devient avocat. Il porte la croix de guerre avec palme et ça lui ouvre toutes les portes. Mais en 1922, terminé, plus personne n'en parle, de ça.

L'impatience de vivre, l'ambition, la profession d'avocat… Tout cela parle à l'ancien président de la République. Il y a du Richard Dalleau en lui. Même idéalisme de jeunesse, même volontarisme. Fougue et culot les réunissent. Mais la comparaison s'arrête là. Le destin du héros de Kessel s'égare dans le jeu, l'alcool, les drogues et les orgies. L'énergie de Dalleau n'en demeure pas moins très sarkozyenne. Ce mot d'« énergie » l'agace :

– Contrairement à la plupart des personnalités politiques,

1. Entretien avec l'auteur, 7 janvier 2021.

je ne suis pas le produit du système élitiste. Que dit-on de ceux qui ont fait les grandes écoles ? Qu'ils sont intelligents par principe. À l'inverse, on a dit de moi que j'avais de l'énergie ! Toute réussite dans notre pays qui n'est pas adoubée par notre système méritocratique est considérée comme un hold-up. La mienne parmi tant d'autres…

Nicolas Sarkozy bondit comme un lion. Moi, je suis entré dans notre entretien comme un chat dans une pièce occupée par un chien. Nous sommes dans les premiers jours de 2021. Le mois de janvier a toujours des allures de grasse matinée.

L'ancien président, bien réveillé, me tend une boîte de chocolats :

– Tout ce que je vous dis n'est pas le fruit d'une amertume. Je décris une réalité.

On a tant écrit qu'il avait une revanche à prendre dans sa vie. Le divorce de ses parents. Le sentiment d'être « surnuméraire » dans la bonne bourgeoisie du XVIIe arrondissement de Paris et de Neuilly-sur-Seine. « Il a longtemps fait payer tout ça aux autres, me confie un de ses proches. Je me demande s'il arrive vraiment à jouir de la vie. »

Au point de céder au travers qu'il a tant reproché aux autres. À propos de son premier quinquennat, Ségolène Royal a parlé de « régime de mépris[1] ». François Bayrou, Manuel Valls et tant d'autres l'ont taxé de « méprisant ». Il s'en est expliqué dans ses Mémoires : « J'ai eu tort, j'ai été trop arrogant, trop pressé, trop satisfait de ma personne. Mais tout ça était dû à mon inexpérience. Combien de fois

1. *Le Parisien*, 20 juillet 2008.

me faudra-t-il répéter que l'expérience est irremplaçable[1] ? »

Sans doute ressent-il encore le syndrome de l'imposteur, cette obsession de l'illégitimité. On le sent à son besoin récurrent de prouver quelque chose, à son esprit de compétition permanente. Je l'ai rencontré à quatre ou cinq reprises ces dix dernières années, lors d'entretiens et d'un déjeuner avec la rédaction du *Point*. J'ai été frappé qu'à chaque fois il veuille absolument nous parler en détail des livres qu'il avait lus. J'étais touché par cette manière boulimique dont il dévorait les romans les uns après les autres. J'avais lu aussi, compulsivement, entre 20 et 40 ans. Pour combler ma culture mais aussi mettre des mots sur ce que je ressentais de manière confuse. Mais lui ?

L'origine de sa frénésie est peut-être à chercher du côté du… mépris. Quand je lui demande un souvenir marquant, il me renvoie sans hésiter à un article paru dans *Le Nouvel Observateur*, le 22 janvier 2009, sous la plume de Jacques Drillon et de Fabrice Pliskin. Son titre : « Le Sarkothon 2009 ». Son chapô : « Le 28 janvier, Nicolas Sarkozy aura 54 ans, et il souffre d'une maladie, l'allergie à la littérature. C'est pourquoi nous lançons une grande opération thérapeutique : redonner le goût de la lecture à l'ennemi personnel de Mme de La Fayette. » Contacté, l'un des deux auteurs de l'article, Jacques Drillon[2], me répond : « Il est normal que les gens méprisables soient méprisés. » Et il m'apprend que Pliskin et lui avaient envoyé à l'Élysée l'ensemble des livres qu'ils conseillaient à Sarkozy.

1. *Passions*, ouvrage cité.
2. Entretien avec l'auteur, 3 juin 2021.

– Ce n'est rien d'autre qu'un mépris de classe, me dit l'ancien président.

Pour être sincère, je m'attendais à tout sauf à ça. J'imaginais l'ancien président de la République me citant une humiliation infligée par Jacques Chirac, une couverture sur sa vie privée... Rien de la sorte.

La Princesse de Clèves ? Je ne l'avais pas lu moi-même avant de rédiger ce chapitre. Ce roman publié anonymement en 1678 se situe entre octobre 1558 et novembre 1559 à la cour d'Henri II puis de François II. Il narre le dilemme amoureux d'une jeune aristocrate de 16 ans, Mlle de Chartres, mariée à un prince de Clèves qu'elle n'aime pas, lui préférant le duc de Nemours.

Nicolas Sarkozy a mentionné au moins deux fois publiquement l'auteure de *La Princesse de Clèves*, selon les journalistes Éric Mandonnet et Laurence Debril, qui ont enquêté sur ce « couple aussi inattendu qu'emblématique[1] ». Qu'a-t-il dit exactement à son propos ? Le 23 février 2006, à Lyon, devant les militants UMP, il déclare : « L'autre jour, je m'amusais [...] à regarder le programme du concours d'attaché d'administration. Un sadique ou un imbécile, choisissez, avait mis dans le programme d'interroger les concurrents sur *La Princesse de Clèves*. Je ne sais pas si cela vous est souvent arrivé de demander à la guichetière ce qu'elle pensait de *La Princesse de Clèves*... Imaginez un peu le spectacle ! »

Le 4 avril 2008, lors d'un discours sur la modernisation des politiques publiques et la réforme de l'État, il défend « la possibilité pour quelqu'un d'assumer sa promotion professionnelle sans [...] réciter par cœur *La Princesse de Clèves* ».

1. *L'Express*, 26 février 2009.

Dans la première citation, je ne peux m'empêcher de voir au moins une forme de mépris : le mépris social pour la guichetière, à qui est déniée toute curiosité intellectuelle et artistique. C'est une femme et une guichetière : deux raisons pour la juger inculte.

Pour le reste, je vois très bien ce qu'a voulu dire Nicolas Sarkozy : les programmes des concours sont bien souvent déconnectés de la vie quotidienne des candidats et des compétences mêmes que l'on attend d'eux pour exercer un emploi. Non, on ne devrait pas avoir besoin d'avoir lu *La Princesse de Clèves* pour espérer devenir attaché d'administration !

Treize ans après la petite polémique suscitée par ses propos, il me tient ce raisonnement. J'acquiesce tout en m'étonnant que la plaie soit encore si vive en lui.

– Ce qui compte, ce n'est pas ce que j'ai voulu dire, c'est le procès qui m'a été fait : j'étais différent donc j'étais inculte. Beaucoup de ceux qui m'ont critiqué n'avaient jamais lu *La Princesse de Clèves*.

Quels livres lui recommandaient donc les journalistes du *Nouvel Observateur* en 2009 ? *Surveiller et punir* de Michel Foucault, *Le Rire* d'Henri Bergson, *La République* de Platon...

Je n'ai pas eu la présence d'esprit de le lui demander, mais mon petit doigt me dit que Nicolas Sarkozy les a tous lus. Et même mieux que tout le monde. Il me confiera d'ailleurs s'astreindre à lire cinquante pages chaque jour.

– Je ne suis pas totalement autodidacte, j'ai fait Sciences Po... Ce n'est pas la voie royale mais ma culture s'apparente à celle d'un self-made-man. Les études ont suscité chez moi un très grand ennui. Les études de l'élite font songer au processus du foie gras : on gave les oies, on gave les étudiants. On les gave jusqu'à plus soif. Ils connaissent tout, mais ils n'incarnent rien. La lecture est trop scolaire. Pour être le premier, il faut régurgiter ce que l'on vous met dans la tête. De préférence sans originalité.

J'aime ce pays où un ancien président me parle de Kessel. Mais je me dis, en l'écoutant, que nous sommes sacrément sadiques pour que cet homme se sente à ce point jugé sur les lacunes supposées de sa culture littéraire.

Au fil du temps, Nicolas Sarkozy a théorisé le mépris français. En 2007, c'est sur ce thème-là qu'il a mené sa campagne victorieuse. En 2012 aussi, il se présentait comme le candidat qui « veut apporter des réponses qu'on ne comprendra pas dans un certain nombre de cercles dirigeants, des réponses qu'on va regarder avec cette méprisance [*sic*], cette attitude hautaine ».

– Le premier mensonge français, m'explique-t-il en 2021, est lourd, fort, puisqu'il est contenu dans notre devise républicaine, c'est le mensonge à propos de l'égalité. Elle n'existe pas, l'égalité. Nous, les humains, nous n'avons ni la même énergie ni les mêmes aptitudes. Ce mensonge crée de la jalousie et de l'envie. C'est pourquoi je suis pour la justice et donc contre l'égalitarisme. C'est ce même mensonge qui nous rend incapables de faire vivre « la différence » et de considérer que celle-ci puisse être une source de richesse. On nie les différences entre les personnes sous prétexte qu'elles seraient facteurs d'inégalités. Au contraire, je pense que les différences sont un vivier de richesses. L'objectif devrait être que chacun, qui est en lui-même un univers, puisse aller au bout de ses possibilités. L'obsession égalitaire produit des injustices. Elle n'a rien à voir avec le mérite. Cet égalitarisme aboutit à ce que l'on valorise un seul chemin de réussite.

Quel est ce chemin ? L'école prétendument égalitaire, de la maternelle jusqu'aux grandes écoles.

Selon Nicolas Sarkozy, il existe deux formes de succès en France : le légitime, que produit le système élitiste des grandes écoles, et l'illégitime, celui de ceux qui réussissent sans être issus de cette voie royale. Lui se sent illégitime.

Je lui demande si, à ce stade de sa vie, cette adversité ne l'a pas rendu plus résilient et plus fort. En somme, si ce n'est pas une chance d'être méprisé. Aurait-il réussi s'il n'avait pas rencontré autant de digues ?

– Ce mépris est à l'image d'une digue, me répond-il. Vous pouvez doubler, tripler la hauteur de votre digue, la mer gagnera toujours. Comme la pulsion de vie est plus forte, les digues du système finissent par céder. La logique de la vie, c'est la différence, pas l'égalité. On ne peut pas défendre la biodiversité d'un côté et refuser la diversité des parcours et des talents de l'autre ! Il n'y a pas que les crapauds à dos orange qu'il faut préserver, mais aussi la petite fille et le petit garçon différents. Eux aussi ont le droit de réussir, à leur manière.

Nicolas Sarkozy est aujourd'hui l'un des monuments nationaux les plus visités de Paris. De nombreux politiques le consultent, mais aussi des jeunes entrepreneurs, qui voient en lui un professeur de niaque. Quels conseils leur prodigue-t-il ?

– Quand quelqu'un vient me demander : « Je voudrais faire de la politique, comment je fais ? » Je lui dis : « Fais autre chose. Vouloir sans faire, ce n'est pas vouloir. Arrête de rêver, fais ! Tu n'es sans doute pas fait pour ça puisque tu viens me demander la permission ou l'autorisation. C'est déjà une erreur. De toute façon, l'expérience est une lanterne qui éclaire derrière, en tout cas pour les autres. »

Comment a-t-il fait, lui, pour compenser ses manques ?

– Très tôt, j'ai compris que si on n'était pas invité à dîner, il faut venir avec la nappe, les couverts, la boisson et la nourriture ; ça facilite l'invitation ! C'est ce que j'ai fait, au fond.

Le conseil présidentiel ne vaut pas que pour la politique...

– Quand je travaillais, ajoute-t-il, je cherchais à me rapprocher le plus près possible de mes patrons. Je voyais ainsi leurs qualités mais aussi leurs défauts. On apprend beaucoup des défauts des autres.

Et des siens aussi, si j'en crois mon entretien avec Nicolas Sarkozy.

20

« Réfléchir en stratège, agir en primitif »

François Pinault ne savait pas lire un bilan quand il s'est lancé dans les affaires. Il a recruté un comptable, qui venait le voir chaque lundi et lui a appris cet exercice :

– J'ai eu le complexe du diplôme, confesse cet autodidacte[1]. J'ai cherché à m'entourer de gens diplômés. Beaucoup de polytechniciens. En Bretagne, j'ai dû en consommer un ou deux. À chaque fois, je me disais : c'est forcément un bon. Longtemps, j'ai cru que le fait d'avoir de beaux diplômes était forcément un brevet de capacité, alors que ça n'a pas grand-chose à voir. J'ai eu d'excellents diplômés à mes côtés, mais ce n'est pas leurs diplômes qui faisaient leur qualité.

Je lui demande si l'absence de diplôme sur son CV a pu jouer dans sa relation avec Bernard Arnault, P-DG du groupe LVMH et sorti de Polytechnique :

– Entre nous, c'est de la concurrence, quelquefois dure mais pas de mépris. Peut-être s'est-il interrogé sur

1. Entretien avec l'auteur, 24 mars 2021.

mon itinéraire. Posez-lui la question. Je sais que dans le haut patronat, certains se sont demandé à un moment : comment un plouc sans diplômes a pu faire ça ?

François Pinault s'est choisi pour devise un vers de René Char : « Réfléchir en stratège, agir en primitif ».

– Quand on n'a pas été aux écoles, dit-il, on avance à l'instinct et au bon sens. Deux choses qui ne s'apprennent pas à l'école. Je ne me suis jamais encombré de réflexions stratégiques, de plans A ou B : c'est cela, « agir en primitif ».

Même quand on a des diplômes, la vie sociale en France n'est pas un long fleuve tranquille.

Fils d'ouvriers, le ministre délégué chargé des Comptes publics Olivier Dussopt a bûché dur pour réussir le concours d'entrée de l'IEP de Grenoble. Il en est fier. D'autant plus que sa promotion est constituée à 95 % d'enfants de cadres supérieurs. Mais lorsqu'il « monte à Paris », après ses études, certains de ses camarades socialistes qui, eux, sont diplômés de la maison mère, l'Institut d'études politiques de Paris, le prennent de haut. Sciences Po en province, ça ne compte pas ; c'est la même différence qu'entre un vrai et un faux polo Lacoste.

Xavier Bertrand, lui, a échoué à Sciences Po. Il a décroché un DESS d'administration locale. Les énarques peuplant les cabinets ministériels n'ont jamais manqué de souligner la « faiblesse » de son CV.

– Je pensais qu'il fallait faire Sciences Po et l'ENA

pour réussir en politique, dit-il[1]. J'ai passé Sciences Po une fois. L'oral m'a été fatal. Je n'ai pas su bien répondre à une première question sur les politiques qui avaient été patrons de presse, puis à celles sur la géographie et la religion au Proche-Orient. Toutes ces questions très différentes m'avaient décontenancé. Au final, j'étais insuffisamment préparé, comme l'ont noté les examinateurs. On ne m'y reprendrait plus.

Que des personnalités ayant pourtant réussi souffrent encore de leurs souvenirs d'études devrait nous faire réfléchir. La reconnaissance, en France, s'acquiert principalement par des diplômes prestigieux. Le mérite demeure le monopole de ceux qui ont passé avec succès des concours à l'orée de l'âge adulte.

Notre système de sélection des élites a ses qualités. Nos grandes écoles produisent d'excellents ingénieurs et des hauts cadres administratifs. Mais il s'agit d'une « méritocratie héréditaire », selon la bonne formule de Dominique Reynié, fils d'ouvrier et diplômé de l'IEP Paris. Les étudiants des grandes écoles sont dans leur écrasante majorité ce que le sociologue engagé Pierre Bourdieu nomme des « héritiers ». La reproduction des élites fonctionne à plein, d'autant plus que beaucoup de ces superdiplômés se marient entre eux.

Selon une note de l'Observatoire des inégalités, on comptait 64 % d'enfants de cadres supérieurs parmi

1. Entretien avec l'auteur, 22 décembre 2020.

les élèves de Polytechnique contre 1 % d'enfants d'ouvriers, sur la période 2003-2013.

Ce culte frénétique divise toujours plus notre société. La principale fracture « n'oppose pas le 1 % des super-riches aux 99 % restants, mais les 20 % de surdiplômés à tous les autres », selon Jean-Laurent Cassely et Monique Dagnaud[1].

Les deux sociologues soulignent qu'un jeune sur cinq environ sort aujourd'hui du système scolaire avec un master ou un diplôme d'une « grande école ». C'est l'aboutissement d'un mode de production des élites fondé essentiellement sur la performance scolaire.

Appartenir à la mini-société des superdiplômés est la condition nécessaire pour avoir voix au chapitre en France. Les plus âgés d'entre eux contrôlent encore la haute administration, la politique et les affaires. Les plus jeunes dominent les « professions dans la lumière », même si une plus grande diversité y règne : start-up, fonctions intellectuelles et d'expertises technologiques, influenceurs…

Ceux-ci n'ont pas le pouvoir à proprement parler, mais c'est autour de leurs valeurs et de leur mode de vie que se construit le discours médiatique dominant, comme le démontrent Cassely et Dagnaud. Ces 20 % fournissent le gros des électeurs écologistes et macronistes.

Ce modèle méritocratique, fondé sur l'intelligence cognitive, est l'objet de vifs débats, et pas seulement en

1. *Génération surdiplômée*, Odile Jacob, 2021.

France. Dans son livre *La Tête, la Main et le Cœur*, l'essayiste britannique de gauche David Goodhart tire le signal d'alarme. Pour lui, « l'inflation artificielle d'une classe cognitive sélectionnée sur ses diplômes universitaires a suscité une désillusion massive parmi la population un peu diplômée et une frustration chez celle qui ne l'est pas[1] ». Le choc éducatif représente une « bombe à retardement », selon le politologue Jérôme Fourquet, auteur de *L'Archipel français*[2].

Résumons-nous pour être bien compris : la plupart de ceux qui réussissent en dehors de l'école ressentent du mépris de la part des élites traditionnelles. Ce sentiment est exacerbé chez les entrepreneurs que j'ai rencontrés. La majorité d'entre eux n'a pas de diplômes particuliers. C'est notamment le cas des patrons de TPE (très petites entreprises) et PME (petites et moyennes entreprises). Malgré cela, ils emploient près de la moitié de la masse salariale en France, soit 14 millions d'actifs du pays. Ils prennent des risques et jouent leur peau. Leurs échecs et leurs sacrifices renforcent notre « antifragilité » collective, pour reprendre le concept développé par le génial essayiste Nassim Nicholas Taleb[3].

La lutte contre le mépris français passe donc d'abord par un changement radical de notre mode de reconnaissance des talents. Nous devons multiplier les options

1. Ouvrage cité.
2. Seuil, 2019.
3. *Jouer sa peau*, Les Belles Lettres, 2017.

méritocratiques plutôt que de les restreindre. Un diplôme ne devrait pas être un titre de noblesse. Le mérite est une affaire de talent et d'opportunités ; il ne s'agit en aucun cas d'une rente viagère conférée à un âge où l'on n'a encore rien entrepris. Le pantouflage qui permet à l'énarque de vagabonder dans le privé, certain de retrouver son corps d'origine en cas d'échec, en est l'illustration la plus frappante.

21

Dans la tête des chasseurs (de têtes)

Le constat est hélas sans appel : nous en sommes loin. En 2018, Recto Versoi, réseau national de conseil en orientation scolaire, a analysé le parcours d'études des patrons du CAC40. Le palmarès des écoles fréquentées par l'élite du capitalisme français est édifiant : Polytechnique (7 patrons) devance l'ENA (6), HEC Paris (6), Mines Paris Tech (4), Centrale Supélec (3), Sciences Po Paris (3) et l'Essec (2).

Plus de la moitié des patrons cumulent deux formations : HEC + ENA, Sciences Po + ENA, Polytechnique + Mines. « Les écoles les plus représentées dans les cumuls sont de loin l'ENA et l'X, présentes six fois », lit-on dans cette étude. Autre fait intéressant : en 2018, seuls huit patrons du CAC40 avaient effectué des études à l'étranger !

Entendons-nous bien : mon propos n'est évidemment pas de reprocher à ces patrons leurs diplômes. Ils ont travaillé dur pour les obtenir. Le problème est plus général. Ce palmarès reflète l'endogamie du capitalisme français. En quoi un parchemin obtenu à vingt ans et des poussières ferait-il de vous un bon patron ? Les entrepreneurs et les entrepreneuses qui n'ont pas étudié dans ces grandes écoles seraient dépourvus des qualités nécessaires pour diriger un groupe du CAC40 ? Les patrons étrangers, qui n'ont pas de tels CV, seraient-ils mauvais ?

Pour comprendre comment on en est arrivé là, il faut interroger celles et ceux qui recrutent ces patrons.

Lorsqu'une entreprise du CAC40 se met en quête de dirigeants, elle ne s'adresse pas à Pôle Emploi. Elle missionne des cabinets spécialisés, anglo-saxons pour la plupart, tels que Egon Zehnder, Heidrick & Struggles ou Russell Reynolds. Mais, aussi, une Française à la tête de NB Lemercier & Associés : Brigitte Lemercier. Cette dernière est « la chasseuse de têtes du CAC40 », selon la rédactrice en chef du service Économie du *Point*, Marie Bordet, qui a brossé l'un de ses rares portraits[1]. En 2020, elle a notamment contribué au recrutement de Catherine MacGregor (Centrale Paris) chez Engie et de l'Italien Luca de Meo à la direction générale de Renault.

Tous ces « conseillers en gouvernance », « spécialistes du leadership », ainsi qu'ils se nomment, m'ont demandé de ne pas les citer.

– Nous voulons bien vous parler « off », mais ne nous citez pas. Ce sont nos clients dont vous allez parler dans votre livre.

1. *Le Point*, 17 décembre 2020.

Quel regard portent-ils sur le profil des grands patrons ? Les grands corps et les grandes écoles déterminent-ils encore aujourd'hui autant les recrutements ?

– Pour un grand groupe, le diplôme reste important, me confie l'un d'entre eux. Les banques restent dirigées par des inspecteurs des finances et les groupes industriels par des X-Mines. C'est une caste qui se reproduit. Une fois que l'un d'entre eux est dans la place, il recrute des jeunes issus de la même école, qu'il met dans son vivier. On ne s'en sort pas !

Brigitte Lemercier, elle, a suffisamment d'expérience pour répondre à visage découvert. Elle nuance le propos de son concurrent[1] :

– Lorsque j'ai commencé dans ce métier, on me disait : « Je veux un X-Mines », ou : « Je veux un inspecteur des finances ». Je ne l'entends plus depuis vingt ans. De même que je n'entends plus une phrase du type : « Je suis X-Mines, j'ai droit à ça. » Il y a un assèchement du vivier pour recruter au plus haut niveau. On attend tellement des patrons aujourd'hui ! Leur tâche s'est tellement complexifiée !

Quand je lui demande si, malgré tout, elle subit encore la pression des grands corps, elle refuse de répondre. Un de ses confrères ne se gêne pas, lui :

– Les grands corps ne font pas pression sur moi. Ils

1. Entretien avec l'auteur, 28 janvier 2021.

appellent directement le patron de la boîte : j'ai deux personnes très bien, mettez-les dans votre *short list* !

S'il existe encore des bons diplômes pour intégrer le gratin du CAC, y a-t-il toujours de bons réseaux ? Le même chasseur de têtes poursuit :

– Je fais attention au réseau des gens que je propose, en effet. Être franc-maçon, ça ne plaît pas partout !

Le moule qui façonne encore grand nombre de patrons français est-il encore approprié dans une économie ouverte et fluctuante ?

– Un certain nombre de polytechniciens ne sont pas adaptés au nouveau monde, m'affirme une chasseuse de têtes anglo-saxonne qui travaille en France. Ils sont convaincus d'avoir la science infuse. Ils sont monomaniaques et manquent tellement d'agilité.

Elle poursuit :

– L'esprit français reste trop institutionnel dans les recrutements. Vous avez trop de patrons qui deviennent obsolètes du jour au lendemain. Jean-Louis Beffa (Polytechnique, Mines) l'est depuis vingt ans. Mais son successeur, Pierre-André de Chalendar (ENA, Inspection des Finances), l'est tout autant.

Brigitte Lemercier martèle le maître mot du patron d'aujourd'hui, selon elle : l'humilité.

– Quand on n'arrive pas à dire : « Je me suis trompé », on est mort. Il faut être capable de dire à son comité de direction et à son conseil d'administration : « J'ai fait fausse route. »

Luca de Meo possède, selon Brigitte Lemercier, ces qualités d'un dirigeant moderne. Il ne sort pas des grandes écoles françaises, mais du HEC italien : l'université Bocconi de Milan. Il possède vingt ans d'expérience dans le secteur automobile.

– Les groupes français vont devoir mettre à leur tête des dirigeants plus entreprenants. Il faut plus d'autodidactes ! Une nouvelle classe d'entrepreneurs est en train d'émerger dans notre pays avec des personnalités aux parcours plus variés, plus créatifs, plus agiles. Ce qui compte pour eux, c'est de créer.

Le CAC40 vivrait-il la fin de son entre-soi ?

22

Paris, nombril du monde

« Paris avait pris de bonne heure singulière prépondérance dans le royaume, écrit Alexis de Tocqueville en 1836 dans son *État social et politique de la France avant et depuis 1789*. Il existait en France des villes considérables ; mais on n'y voyait qu'une grande ville, qui était Paris. Dès le Moyen Âge, Paris avait commencé à devenir le centre des lumières, de la richesse et de la puissance du royaume. La centralisation du pouvoir politique dans Paris augmentait sans cesse l'importance de la ville, et sa grandeur croissante y facilitait à son tour la concentration du pouvoir. Le roi attirait les affaires à Paris, et Paris attirait les affaires au roi. »

Tocqueville retrace à merveille la genèse de la centralisation de la France et la concentration des pouvoirs.

Le processus de décision dans notre pays n'a guère changé, on l'a vu encore avec la gestion de la Covid. Il demeure à sens unique : du haut vers le bas. Ce qui est décidé à Paris doit être exécuté en province. Autant dire que celle-ci est observée avec condescendance. Le pouvoir central la voit comme Balzac décrit la ville d'Issoudun dans *La Rabouilleuse* : c'est « l'esprit d'immobilisme poussé jusqu'à l'ineptie ». La réussite en province est scrutée à la loupe : c'est-à-dire de très loin.

Balzac reste le meilleur guide pour visiter la France et comprendre les Français. *La Comédie humaine* décrit encore largement notre pays, comme le montre Alexis Karklins-Marchay dans son livre *Notre monde selon Balzac*[1].

L'écrivain aimait sa Touraine natale, mais il était aussi fasciné par la « capitale », où il vécut. Rien ne lui a échappé du Parisien. À commencer par son incommensurable sentiment de supériorité. Dans *Modeste Mignon*, il écrit ceci : « Comme tous les Parisiens, Molineux éprouvait un besoin de domination, il souhaitait cette part de souveraineté plus ou moins considérable exercée par chacun et même par un portier, sur plus ou moins de victimes, femme, enfant, locataire, commis, cheval, chien ou singe, auxquels on rend par ricochet les mortifications reçues dans la sphère supérieure où l'on aspire. » Dans *Le Cousin Pons*, il souligne « ce sourire particulier aux gens de Paris, et qui dit tant de choses ironiques, moqueuses ou compatissantes, mais qui, pour animer le visage du Parisien, blasé sur tous les spectacles possibles, exige de hautes curiosités vivantes ». Dans *L'Envers de l'histoire contemporaine*, enfin, il fixe le type parisien. Il y aperçoit notamment « le venin de mécomptes antérieurs qui excite à sourire de toute moquerie, à conspuer tout ce qui grandit ».

---

1. Ellipses, 2021.

Si Balzac avait vécu au temps de la Covid, il aurait fait son miel des « journaux de confinement » tenus par tous ces écrivains ayant déménagé leur génie du canal Saint-Martin au Pays basque. Il se serait régalé de leur description des autochtones, ces bons sauvages, les épiant avec leurs yeux sournois.

L'ambition d'un provincial demeure suspecte. Rastignac est encore le surnom méprisant que l'on donne au provincial pressé de réussir.

Ah, le provincial ! Il est si sympathique, si frais, si pittoresque ! Mais si seulement il restait à sa place…

– Le plus grand mépris que j'ai ressenti, c'est lorsque je suis monté à Paris, raconte François Pinault[1]. Je n'avais pas de connexions. J'avais réussi régionalement. Ça a été compliqué avec l'establishment. Vous n'êtes pas de leur monde : ils vous font comprendre que vous n'avez rien à faire là. Ce n'est pas un mépris affiché, on vous ignore, on ne vous fait pas confiance. Comme si vous n'existiez pas.

« À nous deux, Paris ! » s'exclame Rastignac. Mais avant d'obtenir un tête-à-tête avec la capitale, il faut être recommandé. C'est comme pour le téléphone : si vous n'avez pas de réseau, on ne vous capte pas. Le ministre des Comptes publics, Olivier Dussopt, s'est « pris le mur », comme tant d'autres. À la fin de sa première année à Sciences Po Grenoble, il a la possibilité d'effec-

1. Entretien avec l'auteur, 24 mars 2021.

tuer un stage d'été à la Cour des comptes. Mais il ne connaît personne en région parisienne et n'y a jamais mis les pieds. Ses parents n'ont pas les moyens de lui financer son hébergement. Il doit donc se rabattre sur un stage au cabinet du maire d'Annonay, qui sera plus tard son directeur de campagne quand il se présentera à la députation en 2017.

– Je pense que le mépris qui subsiste dans notre pays est fondé sur la géographie : il y a les Parisiens et il y a les autres, confirme le ministre de l'Intérieur, Gérald Darmanin. Le natif de Valenciennes et ancien maire de Tourcoing voit avant tout Emmanuel Macron comme un « provincial[1] ». « Il n'est absolument pas méprisant », selon lui.

Darmanin identifie Paris comme l'épicentre du conformisme :

– Je ne sais pas si le mépris est organisé dans notre pays. Mais le milieu parisien met des thèmes méprisants dans l'air. Henri IV avait créé la poule au pot pour se rapprocher des Français. Eux, on a l'impression qu'ils ont créé le régime végétarien pour se séparer des gens. Le danger quand on monte à Paris, c'est de chercher la reconnaissance et les louanges de certaines élites.

Natif de l'Aveyron, le politologue Dominique Reynié est lui aussi « monté dans la capitale » :

– Je n'étais pas conforme au modèle dominant à

1. Entretien avec l'auteur, 15 mars 2021.

Sciences Po, se souvient-il[1]. Mon accent marqué soulignait ma position sociale périphérique. Je me suis entendu dire, sur un mode certes amical : « Quand tu parles, c'est un rayon de soleil qui entre dans la classe. » À l'occasion d'un exposé, j'ai pu voir des camarades sourire lorsque je prononçais les mots comme on les prononçait chez moi. La première année, c'était impossible avec les filles.

Le garde des Sceaux, Éric Dupond-Moretti[2], se souvient avec angoisse de son « entrée » dans Paris :

– Jeune avocat à Lille, je prends le volant de ma R11. Je fais le tour du périphérique puis j'entre dans la ville. Je vois bien que l'on me prend pour un hobereau avec de la paille qui sort des poches. Je m'en moque. J'arrive avec la rage de Rastignac et je vais chez Ungaro, avenue Montaigne. Je dois avoir l'air tellement plouc, tellement pas dans mon élément, j'achète une veste en tweed, je l'ai toujours d'ailleurs, et quand je remonte à Lille, j'apprends que la maison Ungaro a appelé mon banquier pour savoir si mon compte était approvisionné. Ça, c'est une humiliation au fer rouge. Là, je me dis : non seulement je n'ai pas les codes, mais je n'ai pas la gueule.

La capitale a beau se dépeupler, se vider de cadres partis télétravailler dans une sous-préfecture, ses habitants troquer leur plaque d'immatriculation 75 pour

1. Entretien avec l'auteur, 6 novembre 2020.
2. Entretien avec l'auteur, 7 janvier 2021.

celle d'un département corse ou breton, elle demeure le « centre des lumières » dépeint par Tocqueville puis plus tard par Jean-François Gravier dans *Paris et le désert français*. La quasi-totalité des gens de pouvoir que j'ai rencontrés pour ce livre y vivent.

Pour ceux qui n'y sont pas nés, Paris semble une forteresse. Un pont-levis mental la sépare du reste du pays. Il faut être là au moment où on l'abaisse.

– Vivre à Paris représente un coût énorme. Ceux qui paient ce coût le font ensuite payer à ceux qui n'en sont pas, m'explique l'essayiste Idriss Aberkane[1], dont les vidéos sur le biomimétisme enregistrent des millions de vues sur YouTube.

L'auteur du best-seller *Libérez votre cerveau !* a grandi à Villejuif en banlieue parisienne. Il a éprouvé ce qu'il appelle le « syndrome du périphérique ».

– Cette ville s'est construite en vase clos, cela crée une mentalité particulière. Franchir le périph', c'est une sorte de bizutage. Les Londoniens ne ressentent pas ça. À Londres, même quand tu vis dans un endroit pourri, ton adresse, ça reste à Londres. À Paris, soit on te renvoie à ta ville d'origine, soit on te résume à un arrondissement.

Je vis aujourd'hui dans un coin de Paris où ma mère, jeune provinciale, rêvait d'habiter. Elle me l'a désigné sur le plan de la ville que nous feuilletions dans le train de banlieue qui nous menait parfois, mon frère, ma

1. Entretien avec l'auteur, 26 octobre 2020.

sœur, elle et moi à la gare Montparnasse. Je revois son pouce et son index traçant un cercle autour du jardin du Luxembourg : son royaume imaginaire. À l'ouest : le Champ-de-Mars. À l'est : la rue Mouffetard. Au nord : l'île Saint-Louis. Au sud : Denfert-Rochereau. Entre une promenade au jardin des Plantes et une glace au pub Renault, sur les Champs-Élysées, nous nous aventurions dans ces rues que je traverse désormais chaque jour sans y prêter d'attention particulière.

La sortie à Paris revêtait alors la solennité d'un pèlerinage. Ma mère se taisait et prenait, par la pensée, congé de nous. Elle projetait son existence derrière les façades des immeubles, dans les manteaux cossus des passantes, à l'intérieur des boutiques luxueuses. Nous marchions dans son sillage rêveur. Quatre personnages de Sempé. Il était temps de prendre le train du retour : L'omnibus de 17 h 58 ou le direct de 18 h 34 ? Paris : il y a ceux qui y dorment, et les autres. Un jour, m'étais-je promis, je n'aurais plus besoin de prendre le train du soir.

Me voici du « bon côté » du périphérique. Selon Balzac, « Paris transforme ses habitants[1] ». Ceux qui « conçoivent très tard l'existence parisienne en restent dupes ». Il n'y a pas plus méprisant qu'un provincial qui se fait passer pour un « indigène » parisien.

Un soir, je sors d'un concert du groupe de pop The Divine Comedy. J'étais alors responsable des pages « Culture » du *Figaro*. Dans la salle, on m'avait placé à côté d'un écrivain en vogue dans le milieu germano-

1. *Notre monde selon Balzac*, ouvrage cité.

pratin. À la sortie, nous guettons les taxis. J'en trouve un avant lui et lui demande où il va. Il m'indique une rue toute proche de la mienne. Je lui propose naturellement de le déposer. J'annonce au chauffeur les deux adresses auxquelles il devra nous conduire. En entendant le nom de ma rue, notre petit marquis me pose cette étrange question :

– Dans quelle portion de la rue habites-tu ?

Un peu désarçonné, je lui indique le numéro de mon immeuble. Aussi sec, il ajoute :

– Tu es du bon côté alors.

J'ai appris depuis que cet écrivain, qui porte un pseudonyme, avait grandi dans le Sud-Ouest. Et que, en dépit des apparences, son pedigree n'était donc pas celui d'un Parisien de longue date. « Il n'y a bon bec que de Paris », dit l'adage.

Et si la capitale n'avait pas le monopole du mépris ? C'est en province que Xavier Bertrand se souvient de l'avoir ressenti pour la première fois :

– Je prends plaisir à faire partie de ceux qui sont au fond de la classe, confesse-t-il[1]. Petit-fils d'assureur, fils d'employés de banque de l'Aisne, j'ai été confronté pour la première fois à un milieu beaucoup plus élevé que le mien à la fac de Reims. Il y avait là des étudiants issus des familles de champagne. J'ai vu très vite que je n'étais pas du même monde. Je ne cherchais pas à m'y faire accepter. J'étais alors en couple, je n'allais pas dans les soirées. Je bossais à côté comme pion dans un lycée

1. Entretien avec l'auteur, 22 décembre 2020.

à Laon et j'avais la politique à Saint-Quentin. Je comprenais aussi que ceux de l'Aisne, ce n'étaient pas ceux de Reims.

On pourrait ajouter : ceux de l'île de Ré ne sont pas ceux de l'île d'Oléron, et ceux de Saint-Tropez ne sont pas ceux de Palavas-les-Flots…

23

La fêlure de leur vie

Nicolas Sarkozy est un enfant de divorcés. Anne Hidalgo a grandi dans une cité difficile de Lyon. Pour ne pas être importunée par les bandes de voyous, elle se faisait passer pour une handicapée. Éric Dupond-Moretti et Olivier Dussopt ont perdu leur père lorsqu'ils étaient enfants. Élisabeth Moreno et Jeannette Bougrab accomplissaient les démarches administratives à la place de leurs parents, illettrés. Après la mort de son père, François Pinault a dû prendre en main son destin. Kamel Mennour et Gérald Bronner ont été élevés par leur mère.

Ces accidents de vie les ont forgés. Au lieu de les abattre, ils les ont révélés à eux-mêmes. L'échec est fécond. Ces épreuves-là, fondatrices, leur ont beaucoup plus appris sur la vie que celles de l'école.

Ils en ont tiré une force extraordinaire : cette « envie d'avoir envie », comme l'appelle Johnny Hallyday dans une de ses célèbres chansons.

L'existence a commis une injustice à leur égard. Ils ne la répareront jamais assez. Une question d'orgueil ?

– Mes parents ont cultivé en moi la fierté : celle de nos origines, celle du travail bien fait, confie Anne Hidalgo[1]. Cette fierté m'a aidée à affronter les difficultés.

Très jeunes, tous ont été sensibilisés à leur autonomie. Projetés enfants ou adolescents dans l'âge adulte, ils se sont retrouvés responsables d'une mère, d'un père, de frères ou de sœurs. Ou de tout cela en même temps.

Ces chutes ont creusé en eux des fêlures qui ne se sont jamais tout à fait refermées. Ils les craignent car elles les exposent à des réactions incontrôlées. Elles les amènent à sur-réagir aux critiques. Colosses aux pieds d'argile.

On en fait un argument contre eux. Voyez, ils ne maîtrisent pas leurs nerfs. Ils sont instables. Les femmes sont forcément « hystériques ».

Alors ils enveloppent ces blessures du passé dans le silence. En écoutant ce qu'ils taisent, je songe à la phrase de l'écrivain Henri Calet dans son livre *Peau d'ours* : « Ne me secouez pas. Je suis plein de larmes. »

1. Entretien avec l'auteur, 5 janvier 2021.

24

La gloire de nos mères

C'est à treize ans que l'écrivain Romain Gary eut pour la première fois « le pressentiment de [sa] vocation ». Il est alors élève de quatrième à Nice. À l'hôtel Negresco, sa mère tient « une de ces “vitrines” de couloir où elle exposait les articles que les magasins de luxe lui concédaient ». La fêlure est en place.

Elle élève seul le petit Romain, « luttant courageusement afin de gagner, chaque mois, ce qu'il [leur] fallait pour vivre, pour payer le beurre, les souliers, le loyer, les vêtements... » Et surtout le bifteck de midi, « ce bifteck qu'elle plaçait chaque jour devant moi dans l'assiette, un peu solennellement, comme le signe même de sa victoire sur l'adversité », raconte l'écrivain dans *La Promesse de l'aube*[1]. Debout dans la cuisine, Mina regarde son fils dévorer la précieuse pièce de boucher : « Elle refusait d'y toucher elle-même et m'assurait qu'elle n'aimait que les légumes, et que la viande et les graisses lui étaient strictement défendues. » Le petit Romain surprit un

1. Gallimard, 1972.

jour Mina en train d'« essuyer soigneusement le fond graisseux de la poêle avec des morceaux de pain qu'elle mangeait ensuite avidement ».

Cette vision le bouleversa. Il sortit sur l'avenue Shakespeare, où ils vivaient, et courut jusqu'au « remblai presque vertical qui dominait le chemin de fer » : « L'idée de me jeter sous un train et de me dérober ainsi à ma honte et à mon impuissance me passa par la tête, mais, presque aussitôt, une farouche résolution de redresser le monde et de le déposer un jour aux pieds de ma mère, heureux, juste, digne d'elle, enfin, me mordit au cœur d'une brûlure dont mon sang charria le feu jusqu'à la fin. » Dans ces pages bouleversantes, Romain Gary exprime son « sentiment de privation, de dévirilisation, presque d'infirmité ». Et explique comment il a transformé sa frustration d'enfant en « un besoin que ni femme ni art ne devraient plus jamais suffire à apaiser ».

Cette « farouche résolution de redresser le monde et de le déposer un jour aux pieds » de leur mère, n'est-elle pas celle de Nicolas Sarkozy ?

– Je le plains d'avoir une mère pareille ! s'amuse l'ancien président[1]. J'ai un équilibre qu'il n'avait pas. Il se sentait tellement illégitime qu'il a créé Émile Ajar, et il a obtenu le prix Goncourt une seconde fois. Gary voulait réussir deux fois !

Nicolas Sarkozy aussi…

1. Entretien avec l'auteur, 7 janvier 2021.

Parlez au galeriste Kamel Mennour de sa mère, et soudain sa voix se met à trembler, ses yeux s'embuent. Surtout quand on en vient aux histoires qu'elle lui contait enfant :

– Une d'entre elles m'a bouleversé. Chaque fois que je me la remémore ou que je la raconte, je suis très ému. C'était l'histoire d'une femme servante arabe pendant la colonisation française. Son jeune fils était doué[1].

Il se tait puis se lève et quitte très ému la salle où il me reçoit dans sa galerie. Il revient quelques instants plus tard et finit l'histoire :

– Un jour, le maître des lieux invite ce garçon à sa table. Celui-ci répond qu'il ne viendra que si sa mère peut s'asseoir à table avec lui.

Je n'ai plus devant moi le galeriste glamour, mais un petit garçon écorché vif :

– Lorsque j'ai eu 14 ans, me confie-t-il, ma mère a quitté mon père. Elle ne supportait plus de préparer sa gamelle le matin avant qu'il ne parte travailler sur les chantiers. C'était un mariage arrangé, comme il en existait beaucoup à l'époque. Ma mère n'aimait pas mon père et elle restait avec lui pour nous, ses trois enfants. Elle a décidé que nous partirions un matin. Je m'en souviens précisément : c'était en février 1979. Nous habitions à Belleville. La veille, elle me dit : « Demain matin, ton père va partir. On va se lever, on va prendre des matelas, des petites commodes. J'ai loué une petite

1. Entretien avec l'auteur, 26 novembre 2020.

estafette. » Mon frère et ma sœur, qui étaient plus jeunes, n'étaient pas au courant. Le matin, on s'est levés, on s'est habillés, on a pris les affaires et on n'est plus jamais revenus. Elle avait 3 francs 70 dans sa poche. On a vécu ensuite dans un loyer de 48, 3 impasse Barbès à Montreuil : 50 francs par mois. Il y avait des trous dans le sol, pas de toilettes, pas de douche. Pour faire tes besoins, tu devais descendre dans la cour. On allumait la pièce en branchant un fil sur une prise. C'était déglingué, pas aux normes. Ça a été les plus belles années de ma vie. Ma mère était libérée.

Quel tempérament, la mère de Kamel Mennour !

– Elle est devenue chauffeur de taxi. Elle ne savait même pas écrire. Je ne sais même pas comment elle a fait pour passer la petite dictée à l'examen. Elle apprenait par cœur les grands axes de Paris : rue de Vaugirard, rue de Rennes. En 1979-1980, c'était la seule femme d'origine arabe à être taxi. C'était une belle femme, ma mère. Elle se faisait draguer par les clients. Elle s'est démerdée. Elle a racheté sa licence et est devenue sa propre patronne. Elle a pris des crédits pour acheter un pavillon à Bondy [en Seine-Saint-Denis]. Elle a ensuite acheté un petit restaurant porte de la Plaine. Elle ne savait même pas négocier les taux des crédits des emprunts. Elle se faisait massacrer par les banques. Des taux d'usurier lui étaient proposés. Elle devait travailler et travailler pour rembourser ses crédits.

Le soir, quand elle rentrait, le petit Kamel remplissait une bassine d'eau et lui lavait les pieds. L'ambition aussi est une purification.

– Ma mère était plutôt rebelle, elle était en colère, me confie Michel Onfray en abordant le même sujet[1]. Elle était fâchée, ma mère. Elle avait été abandonnée à l'Assistance publique. Elle vient de fêter ses 86 ans, elle porte encore en elle une colère pas possible. Mais elle ne disait jamais rien. Elle se disait : j'ai fait le mauvais mariage, j'ai épousé un ouvrier qui ne dit rien.

« Avec l'amour maternel, la vie vous fait à l'aube une promesse qu'elle ne tient jamais, écrit Romain Gary. On est obligé ensuite de manger froid jusqu'à la fin de ses jours. »

1. Entretien avec l'auteur, 13 novembre 2020.

25

L'ombre du père

– Fabrice, la vie est une tartine de merde dont on croque un bout tous les jours.

Cette phrase de son père résonne encore dans la tête de Fabrice Luchini. Une perspective pas bien gaie pour un petit garçon. Comment a-t-il conjuré la violence de la parole paternelle ?

– Si j'ai voulu être acteur, cela a un rapport avec mon père, confiait-il à Marc-Olivier Fogiel dans l'émission « Le Divan » en février 2015.

Sans en dire plus. Le comédien ajoutait :

– Ma grande histoire, c'est ma mère. C'est la seule personne qu'on n'a pas à épater.

La relation au père s'avère souvent complexe, pour ne pas dire douloureuse. Qu'on éprouve le besoin de le défier ou de redorer son image, le jour où on a vu celui-ci courber l'échine, baisser les yeux devant un « important », on se dit : « On ne me parlera jamais comme ça, à moi. » L'orgueil germe dans le spectacle de ces humiliations.

Quand on raconte ces moments-là, ce n'est pas de la tendresse meurtrie qui remonte, mais de la rage.

Comme Jeannette Bougrab qui a subi le regard humiliant d'un vigile suspicieux chez Kiabi, c'est cette même vision du père humilié qui jaillit dans la bouche de Bernard Tapie[1] :

– J'ai eu la chance d'avoir un père exceptionnel, d'une intelligence incroyable, mais qui a été mis dans un centre d'apprentissage à 14 ans. Je le trouvais totalement anéanti dès qu'il s'agissait d'affronter une autorité quelle qu'elle soit. Devant le gardien de la paix, devant l'instituteur qui l'avait convoqué car je m'étais mal conduit, devant l'ordre établi, il perdait ses moyens. Il était à sa place. Ça a été tellement une obsession pour moi que je me suis interdit d'avoir ces réflexes comportementaux.

À 50 ans, Jean-Baptiste Tapie a eu moins peur, il a créé sa petite entreprise. Bernard a fini par le convaincre. Pour fêter l'événement, le fils a offert au père une Mercedes. Il ne supportait plus de le voir rouler en Simca 1 000 :

– À l'arrière de la Simca, il y avait un faux toutou sur la plage arrière qui hochait de la tête, me raconte-t-il. Il a jeté le toutou. Je me suis dit : « Ça y est, c'est gagné, mon père refuse de rester à sa place. »

Gaston Onfray, lui, est resté à sa place. Le père du philosophe était ouvrier agricole à Argentan, en

1. Entretien avec l'auteur, 25 novembre 2020.

Normandie. Les Onfray, les parents et les deux fils vivaient dans une pièce de 17 mètres carrés. La météo dictait l'emploi du temps de la famille. Les moissons l'été, la réparation des tracteurs et la vaccination des vaches l'hiver…

– Je l'ai vu se raser un dimanche, comme il le faisait trois fois par semaine, se souvient Michel Onfray[1]. Et la Méhari du chef de culture arrive. Il frappe et il entre en même temps, sans attendre qu'on lui dise d'entrer, et il dit à mon père : « Gaston, la météo est bonne aujourd'hui, on va moissonner. » Voilà que le dimanche que l'on avait prévu disparaissait. Ça, j'aurais pu le comprendre. Mais l'hiver suivant, quand le sol était gelé et qu'on ne pouvait pas travailler, le même chef de culture ne proposait pas à mon père de prendre trois jours de congé. Alors que l'été, durant la moisson, il avait travaillé plus de 70 heures par semaine. Certains dimanches, on allait avec ma mère à pied pour rejoindre mon père qui travaillait et on lui apportait à boire. Il ne buvait pas du tout d'alcool, mais du café froid. On voyait les femmes des chefs de culture arriver dans les Méhari, descendre, donner deux ou trois commandements, et repartir en laissant les ouvriers en plein soleil sans boisson ni rien du tout. Gaston restait stoïque. Il pensait que c'était dans l'ordre des choses. Quand je m'étonnais qu'il ne dise rien, il me répondait qu'il y avait toujours plus pauvre que soi. Je lui répondais : « Oui, il y a les morts. » Il insistait : « Tu verras, ce n'est pas aussi simple que ça. »

1. Entretien avec l'auteur, 12 novembre 2020.

Son expression préférée était : « Pauvre mais honnête. » Comme beaucoup de pauvres, il avait le sens de la dignité, de l'honneur.

Onfray comme Tapie rejettent le mot de « vengeance ». Chacun à leur façon, ils ont au moins cherché à rétablir leur père dans sa dignité. Laver l'affront de l'enfance. Effacer cette image de la honte dans l'album de famille.

Les monuments de Paris

Troisième visite : Jacques Attali

Dans *Les Trois Mousquetaires*, le roman d'Alexandre Dumas, d'Artagnan monte à Paris muni d'un précieux sésame : une lettre de recommandation au capitaine des mousquetaires, M. de Tréville.

Les mousquetaires ont disparu, mais il reste des capitaines de Tréville qu'il est bon d'avoir dans la poche pour se frayer un chemin dans la jungle parisienne. Ce sont les monuments de Paris. Pour la plupart, ils étaient déjà là sous Gorbatchev. Mais ce ne sont pas des Hibernatus. Ils ont conservé l'écoute de quelques oreilles puissantes. Qu'ils soufflent votre nom à l'une d'elles et votre carrière peut connaître un coup d'accélérateur.

Jacques Attali est un monument de Paris. L'ancien sherpa de François Mitterrand a présidé en 2007 la commission pour la libération de la croissance française, chargée par le président de la République d'alors, Nicolas Sarkozy, de lui faire des recommandations pour relancer la croissance économique française.

– J'ai encore parlé à Emmanuel la semaine dernière, et je suis inquiet de la situation du pays, me dit-il[1] en précisant

1. Entretien avec l'auteur, 15 décembre 2020.

qu'il tutoie le président alors que ce dernier le vouvoie car il a été son « collaborateur ».

Covid-19 oblige, la visite au monument de Paris se fait par ordinateurs interposés, sur l'application de visioconférence Zoom. Jacques Attali apparaît à l'image en survêtement, une serviette autour du cou. Il vient d'achever sa séance de gymnastique quotidienne. Derrière lui, j'aperçois un elliptique, une machine de cardio à longs bras.

Attali fait le lien entre plusieurs générations de dirigeants, en politique et dans les affaires. Il aime le rappeler.

– Vous savez comment j'ai rencontré Sarkozy ? En 1982, je rentre d'un voyage présidentiel. Ma secrétaire avait noté les messages. « Jeune avocat gaulliste, a beaucoup d'admiration pour vous, souhaite devenir président de la République, aimerait vous rencontrer. » Eh bien, je lui ai fait visiter l'Élysée. J'ai senti la niaque qu'il avait placée en politique. Il avait une revanche à prendre sur son histoire. La revanche sociale, c'est très fort chez lui.

– C'est un bon carburant, la revanche sociale ?

– La revanche sociale peut conduire au meilleur et au pire. Elle produit des Bérégovoy pour le meilleur et des Doriot pour le pire.

– Et Macron, il a la niaque ?

– Emmanuel est un mystère. Il a une niaque extraordinaire.

Quelle est donc cette énergie vitale dont Jacques Attali fait la clé du succès ?

– Une motivation supérieure. Comment le dire autrement ? C'est très bien expliqué dans un livre américain que vous devriez lire : *Grit*, d'Angela Duckworth.

Tandis qu'il s'éponge le front, j'en viens au sujet de mon livre. La société française est-elle selon lui une société de mépris ?

– La société française devient une société d'indifférence, de juxtapositions, de mauvaises querelles, de petites rancœurs. Il y a des gens qui méprisent, c'est sûr, mais ce n'est pas une société de mépris. Vous savez quel est le problème ? En France, la richesse est un scandale. Alors que dans beaucoup d'autres pays, c'est la pauvreté, le scandale. La réussite est mal vue. Réussir quand on vient d'ailleurs, c'est s'exposer à être taxé de « nouveau riche » ! Alors que c'est positif, d'être un nouveau riche, si l'enrichissement est légitime ! C'est fou quand on y pense. Aujourd'hui, la France devient une société de cristallisation sociale extrême. Il est de plus en plus difficile de changer de milieu social. Plus encore que dans ma jeunesse.

Jacques Attali est né à Alger. Dans sa famille, ce sont ses parents, son père commerçant, notamment, qui ont inauguré l'ascension sociale. Les Attali quittent l'Algérie en 1956. Ils s'installent dans le XVIe arrondissement :

– Nous avons vécu un véritable déclassement lorsque nous sommes arrivés à Paris. Nous n'étions invités nulle part, nous n'avions pas d'amis. Nous étions des parias. J'ai ressenti de l'hostilité, de la méfiance, du mépris, sans aucun doute. Je me souviens que nous allions en vacances à Deauville, on louait une maison, on jouait au tennis dans la journée avec plein de jeunes, et, mystérieusement, ils se retrouvaient le soir et nous n'étions jamais invités.

Je lui fais remarquer qu'aux yeux de certains, c'est lui, le méprisant.

– Je crois que j'ai méprisé plus que je n'ai été méprisé ! Il n'y avait personne que j'admirais parmi tous ces gens qui nous rejetaient. J'avais très peur d'échouer. Contrairement à ce que beaucoup de gens pensent, je ne me sens pas du tout surdoué. Le seul don que je me reconnaisse, c'est une faculté de concentration considérable – et la niaque. J'éprouvais une peur panique de l'échec, c'est ça qui m'a motivé. Donc je travaillais vraiment énormément. Quand on me donnait des exercices, j'en faisais dix fois plus que ce que l'on me demandait. Pour être certain de réussir. Je n'avais pas de modèle, j'avais un anti-modèle : ingénieur à Toulouse, ce que je ne voulais pas devenir.

Même s'il déteste ça, je lui rappelle ses nombreux diplômes : Polytechnique, l'ENA... Conçoit-il que l'on se sente méprisé quand on n'a pas les bons tickets d'entrée ?

– Le diplôme est très important pour donner une base de départ mais ensuite il ne faut pas qu'il soit une garantie, il ne doit pas assurer une carrière. Je suis favorable à une formation tout au long de la vie. Un diplôme de polytechnicien devrait être passé tous les dix ans. Ce que l'on a appris à un moment ne vaut plus rien à un autre.

Je lui cite un extrait du rapport de la commission qu'il a présidée : « La France reste une société de connivence. » N'est-il pas une figure de cette connivence ?

– Tout se décide dans un tout petit monde qui se retrouve encore au Siècle, où je refuse d'aller depuis trente ans : j'y suis allé jusqu'en 1981. Là se passent beaucoup de choses. C'est une fermeture totale. Bien sûr, ils ont fini par accepter des femmes, et quelques personnes de banlieue, mais ça reste caricatural. Est-ce possible de faire autrement ? On doit pouvoir trouver des talents ailleurs. Je suis obsédé par ça. Dans la fondation que je préside, on fait émerger beaucoup de talents dans les quartiers qu'on essaie de promouvoir.

Mais ça reste incroyablement fermé. Les polytechniciens continuent à recruter des polytechniciens, les conseillers d'État restent entre eux. Avec ma fondation, on a permis à ces jeunes de créer des milliers d'entreprises par an, dans 50 quartiers en France.

Lui qui voit passer tant de talents qui viennent lui demander conseil, quels manques perçoit-il chez eux ?

– Aux nouveaux venus, il manque les codes, notamment ceux de la courtoisie mondaine : ne pas tutoyer immédiatement, ne pas s'habiller en baskets... Il leur manque surtout le réseau de relations nécessaire. Certains y arrivent grâce à une énergie folle. Ce qui leur manque le plus est irrattrapable : ils n'ont pas fait les bonnes écoles, ils ne sont pas passés par Janson, Stan, Saint-Louis... Aujourd'hui, ça change quand même, car on voit de façon homéopathique certains réussir autrement. D'immenses talents dans tous les métiers. Mais la crise de la Covid aggrave les inégalités entre les jeunes qui ont les moyens par leurs parents de pouvoir travailler, d'avoir des livres à la maison, une pièce pour étudier en étant tranquilles, et les autres qui n'ont pas tout ça...

Il revient alors sur sa réponse précédente, pour enfoncer le clou :

– Ce petit monde : je ne supporte plus sa certitude d'avoir raison, son incroyable provincialisme. Paris devient une ville de la province du monde qui se croit au centre du monde.

La posture antisystème est devenue très à la mode... dans le système. Attali a anticipé le mouvement comme son père avait pressenti l'indépendance de l'Algérie. Qui le bluffe aujourd'hui parmi les nouveaux venus ? Les patrons de la tech ?

– Niel et Simoncini, ce sont des pirates. Mais ils ne m'épatent pas.

Alors qui ? Attali me fait cet aveu troublant :

– Un matin, je devais aller voir ma mère hospitalisée à l'hôpital Pompidou. En arrivant, je croise un type en jeans avec un sac sur le dos, un Arabe, qui me regarde d'un regard étonné. Je me dis : encore un infirmier de service qui m'a reconnu. J'avance. Il m'interpelle : « Monsieur Attali, je serais heureux de vous dire un mot. » Il était le chef de service de chirurgie cardiaque. Il s'est exilé à Dubaï, car il n'a pas obtenu le service qu'il espérait. Même moi, j'avais eu le mauvais réflexe.

Mépris, quand tu nous tiens…

26

L'art de la niaque

Jacques Attali m'a mis sur la piste. Lors de notre conversation, il m'a conseillé un livre : *L'Art de la niaque*[1]. Je suis censé y trouver les clés de la réussite des « partis de rien ». La niaque ? « Cette combinaison de motivation et de persévérance qui distingue les gagneurs », selon la définition d'Angela Duckworth, l'auteure de cet ouvrage traduit en français en 2017.

Duckworth enseigne la psychologie à l'université de Pennsylvanie. Elle a conseillé la Maison-Blanche et les P-DG de 500 entreprises. C'est une fille d'immigrés chinois, et son père ne manquait jamais une occasion de lui dire : « Tu n'es pas un génie. » Cet homme jugeait les autres sur un seul critère : leur degré supposé d'intelligence.

Il y a quelques années, Angela Duckworth a décroché la bourse MacArthur, qui récompense les auteurs de travaux particulièrement innovants dans leur domaine.

1. Lattès, traduction de *Grit. The Power of Passion and Perseverance.*

L'autre nom donné à cette distinction est « la subvention des génies » ! Quelle ironie du sort ! Angela Duckworth a beaucoup médité sur ce clin d'œil du destin. Cette consécration, elle ne la devait pas à sa précocité intellectuelle ou à de quelconques prédispositions, mais à un travail acharné sur le long terme.

Une détermination exceptionnelle et une résilience hors du commun : ce sont les traits caractéristiques de tels étudiants qui viennent à bout du processus de sélection de l'académie militaire de West Point, l'un des plus exigeants au monde.

Les sept premières semaines, les admis sur le campus doivent se soumettre à un programme d'entraînement intensif au nom évocateur : Beast Barracks (« baraquements de la bête »).

Qui vient à bout de ces Beast Barracks ? Angela Duckworth a étudié la question en maîtrise de psychologie. Les rescapés ne se distinguent pas par leurs résultats aux examens, ni par leur aptitude à commander, ni par leurs performances sportives : ils ont persévéré plus que les autres.

– Quand tu tiens un truc, tu lâches rien !

Ce mantra que Bernard Tapie me répète dans le salon de son hôtel particulier résume bien l'art de la niaque[1]. Il le prononce en serrant la mâchoire et les poings.

Ces gestes de guerrier, je les retrouve chez François Pinault :

---

1. Entretien avec l'auteur, 25 novembre 2020.

– J'ai eu la niaque, oui. Mais la niaque, c'est comme les dents, ça s'use avec les années. J'enseigne à mes enfants à ne jamais baisser les bras. Il ne faut jamais lâcher. Même au fond du trou, il faut trouver un bout de branche pour vous remonter[1].

La maire de Paris, Anne Hidalgo, parle d'une « énergie vitale[2] » sans laquelle elle ne serait peut-être pas arrivée là où elle est. Dans la niaque, il y a une bonne part de patience. Il faut rester dans la course, ne désespérer de rien.

Longtemps, Cyril Hanouna a attendu son heure. Dès l'adolescence, il a voulu devenir animateur télé. À 18 ans, il candidatait à des jeux télévisés. Il me raconte ses longues années dans l'ombre. Son « stage interminable » sur la chaîne Comédie l'a particulièrement marqué. Durant cinq ans, il y a tout fait : comptable, accessoiriste, assistant cadreur. Il a écrit des bandes annonces, une série…

– Chaque année, je pensais que je serais à l'antenne, se souvient-il[3]. Je passais au travers. Je marchais des heures en me disant : faut que j'arrête d'y croire. Ils ne voulaient pas de moi. Pourtant, je savais qu'il allait y avoir un truc : je ne savais pas pourquoi. Ça pouvait rebondir.

Hanouna a l'énergie. Au test proposé par Angela

1. Entretien avec l'auteur, 24 mars 2021.
2. Entretien avec l'auteur, 5 janvier 2021.
3. Entretien avec l'auteur, 21 décembre 2020.

Duckworth dans son livre, il obtiendrait la meilleure note. Sans relâche, il fera le siège du patron de la chaîne Comédie, Dominique Farrugia :

– Il était tellement dans ses trucs qu'il ne voyait pas trop ce que je voulais faire. Il ne me connaissait pas. Je lui envoyais plein de concepts. Il a dit à son équipe : « C'est qui ce mec qui m'envoie plein de trucs ? Faut qu'il arrête. »

La grande force d'Hanouna est d'avoir toujours persisté après ses échecs. Il n'a jamais baissé les bras. Ce qui lui a permis, lorsque l'occasion s'est enfin présentée, de « répondre à l'appel », pour reprendre l'expression de Woody Allen :

– Un jour, je me suis déguisé en champignon dans la cour de l'immeuble de Comédie ! Le patron d'Endemol, Stéphane Courbit, qui avait ses bureaux ici aussi, me voit et s'approche de moi : « Ça te dirait de faire une émission sur TF1 ? »

Hanouna le savait : ils auraient toujours besoin d'un « mec pour faire des conneries ». Cette certitude a été sa lueur dans l'obscurité.

Ce qui me frappe en écoutant l'animateur et d'autres, c'est qu'ils assument leur côté « besogneux ».

Ils le revendiquent même.

– Le regard sur moi a vraiment commencé à changer en 2003, au moment de la réforme des retraites, me dit Xavier Bertrand[1]. Je suis choisi comme rapporteur du

1. Entretien avec l'auteur, 22 décembre 2020.

texte à l'Assemblée. *Le Monde* consacre un article à ma pédagogie. Je me dis : je ne suis pas du même monde, mais par mon travail, je peux y arriver. Je passe pour le mec qui le fait, le job. « Le mécanicien des réformes ».

Ces efforts qu'ils ont produits sont leur signe distinctif. Certains en font même une marque de supériorité pour s'opposer à ceux qui étaient, sur le papier, plus doués, mieux dotés : les gens bien nés, diplômés. « Un intellectuel assis va moins loin qu'un con qui marche », résume Michel Audiard.

Parce qu'ils s'estiment méprisés par eux, ils éprouvent le besoin de comparer leurs réussites aux leurs. Une manière d'attirer l'attention sur leurs mérites, qu'ils estiment insuffisamment reconnus par la société française.

Le système éducatif valorise encore beaucoup les prédispositions. Il consacre la réussite précoce. Dès leur plus jeune âge, les enfants « doués » bénéficient d'un surcroît d'attention. Leur famille attend d'eux plus que de leurs frères et sœurs moins épanouis.

« La prédilection pour les “naturellement doués” relève d'un *a priori* négatif inconscient envers ceux qui ont réussi à force d'acharnement », souligne Angela Duckworth.

Au tennis, les Français préfèrent Yannick Noah (doué) à Henri Leconte (doué mais besogneux et moins charismatique). Mais depuis 1983, plus aucun joueur français n'a remporté Roland-Garros. Interrogé sur cette contre-performance, le philosophe Charles Pépin, auteur de l'essai *Les Vertus de l'échec*[1], a livré une analyse qui me paraît très pertinente. Alors que les joueurs français ont souvent été très bons, voire les meilleurs, lorsqu'ils étaient jeunes, ils perdent au plus haut niveau, a-t-il remarqué. « Ils apprennent tous à jouer pareil et le problème, c'est qu'ils sont excellents mais tous à peu près de la même façon. » Pépin cite l'exemple de Richard Gasquet. Lorsqu'il avait 13 ans, il a facilement battu Nadal en finale du championnat du monde des Petits As. Jusqu'à l'âge de 14 ans, Gasquet a survolé les compétitions. Que s'est-il passé par la suite ? Nadal a remporté vingt tournois du grand chelem, et Gasquet, aucun ! Nadal a appris de ses défaites alors que Gasquet, selon Pépin, « n'a été que dans l'ivresse du succès. Il n'a pas eu la chance de rencontrer la résistance au réel ».

La France a un problème avec l'échec. Elle n'en comprend pas les vertus. Cette cécité représente un coût économique pour notre pays : ceux qui échouent sont souvent méprisés dans notre pays. Alors qu'ils devraient être considérés. Leur échec est fécond pour eux-mêmes, mais surtout pour la collectivité.

1. Allary, 2016.

27

On réussit toujours trop vite

Leur ascension est forcément « fulgurante ». Ils ont gravi « quatre à quatre » les marches du succès. Et ils ont bien évidemment conquis leur place « à la vitesse de l'éclair ». La biographie de tous ceux qui ont réussi sans emprunter la voie reconnue insiste presque toujours sur leur temps de parcours. L'échec ? Disparu ?

La première lecture est flatteuse : rapidité signifie efficacité, dextérité. La seconde l'est moins : rapidité rime surtout en France avec légèreté, pour ne pas dire illégalité. Un outsider qui parvient à ses fins a forcément franchi la ligne rouge à un moment ou un autre. Ce qui mûrit trop vite est suspect. Le succès doit mijoter. Le temps que sa recette soit certifiée par les pouvoirs établis pour être goûté. Et l'habilitation prend souvent beaucoup de temps. Il faut faire antichambre, à l'instar de Grégoire de Ponceludon de Malavoy dans le film de Patrice Leconte, *Ridicule*. Tomber sept fois sous les éclats de rire et se relever huit.

La grille de lecture du temps est aussi réductrice que biaisée. Elle réécrit *a posteriori* les destins. Ainsi lorsque la presse commence à s'intéresser à François Pinault dans les années 1990, après qu'il a racheté puis revendu les usines de papier Chapelle-Darblay.

Les articles de l'époque réduisent la durée des efforts de l'entrepreneur breton, minimisent les difficultés rencontrées, déplacent les dates... On le compare à un corsaire. Au moins respecte-t-il les lois de la guerre, contrairement au Pirate, surnom attribué à Xavier Niel... Quand on lui demande si son ascension a été rapide, François Pinault répond : « C'est un sentiment *a posteriori*. Mon parcours n'a pas été linéaire. J'ai connu des échecs. Si j'avais eu tout ce qui m'a manqué : la formation, l'argent, les relations, les choses seraient allées encore beaucoup plus vite. Le handicap, c'est quand on n'a rien de tout cela. Il faut vraiment trimer, trimer dur et longtemps[1]. »

Pourquoi ne retenir du parcours de ces entrepreneurs que leur rapidité ? Alors que c'est leur vision et leur stratégie qui sont intéressantes, la manière dont ils ont contourné les embûches, surmonté les échecs. Il y a une forme de condescendance dans la perception que l'on donne de leur ascension, réduite à sa seule vitesse.

Même pour devenir une vedette de la télévision, il faut trimer longtemps. Cyril Hanouna en est l'exemple le plus saisissant. Entre le canapé où adolescent il regardait toute la journée la télé aux Lilas, dans la banlieue

1. Pierre Daix, *François Pinault*, De Fallois, 1998.

parisienne, et les succès à l'audimat, il s'est écoulé vingt-cinq ans. Hanouna a enchaîné les stages et les petits boulots. Pas tout à fait en vain :

– Je ne sais pas ce que j'aurais fait si ça n'avait pas pris, confie l'animateur[1]. Toutes ces années où je suis resté à ne rien faire, à regarder beaucoup de choses, à réfléchir à plein de concepts, ça m'a énormément servi après. J'avais tellement de trucs auxquels j'avais pensé alors que personne ne m'écoutait. J'étais le même que maintenant sauf que personne ne me prenait au sérieux.

Dans un certain imaginaire français, la réussite en dehors des clous (grandes écoles, grands corps) ne peut reposer que sur une bonne dose d'opportunisme teinté de brutalité. L'effort, le mérite et l'intelligence ne sont encore reconnus qu'à « ces gens-là », comme les appelle Jacques Brel. C'est le cœur de la névrose française.

1. Entretien avec l'auteur, 21 décembre 2020.

28

« Il vient d'où, celui-là ? »

Entre août et octobre 2020, mon frère Grégory, de six ans mon cadet, a effectué une grande randonnée sur le GR 34, qui longe le littoral breton. Le « sentier des douaniers », comme on le surnomme, relie la baie du mont Saint-Michel à Saint-Nazaire. Dans la famille, on a la bougeotte. Notre sœur Amandine a vécu plusieurs années en République dominicaine. Entre deux jobs, Grégory a fait une parenthèse pour se ressourcer. Il marchait toute la journée et le soir il plantait sa tente là où il le pouvait.

Ma première question fut :

– Tu n'as pas été gêné par la pluie ?

Ce à quoi il me répondit :

– Je n'ai pas eu une seule goutte d'eau jusqu'à dix jours de l'arrivée.

Ma seconde interrogation :

– Comment t'ont accueilli les gens ?

– Toujours très bien.

Chaque fois qu'il tapait à une porte pour demander de l'eau, elle s'ouvrait généreusement. Des gens l'invitèrent à dîner, d'autres lui prêtèrent leur jardin. La seule question qu'on lui ait posée : « Où allez-vous comme ça ? »

Si seulement les élites en place accueillaient ainsi les nouveaux entrants ! Ces derniers entendent bien souvent une autre question : « Il vient d'où, celui-là ? » Ainsi reçoit-on les « petits » nouveaux dans un pays aussi corporatiste. Un pays névrosé ?

« La France est organisée en groupements de métiers qui cherchent à faire respecter des distinctions de statuts pour avoir des droits et des conditions matérielles différents des autres groupes, écrivent les économistes Yann Algan, Pierre Cahuc et André Zylberberg dans leur livre *La Fabrique de la défiance*[1]. Au diplôme, qui conditionne la place dans la hiérarchie sociale, se superposent les conditions d'exercice de certaines professions : notaire, cheminot, pharmacien, enseignant, docker, ouvrier du livre, professeur d'université... Autant de statuts particuliers qui confèrent des avantages, qu'ils soient petits ou grands. »

Quand on bénéficie d'un statut, on a peur de le perdre. On se méfie par essence du nouveau venu. De manière générale, ce conservatisme structurel développe une attitude de défiance à l'égard de tous ceux qui ne rentrent pas dans les cases habituelles. Les laisser entrer dans la citadelle reviendrait à faire le choix de

1. Albin Michel, 2012.

l'imprévu, subir le risque de l'invasion. Or, le système français abhorre la prise de risque.

– La caste de l'acquis, celle qui fonde son pouvoir, son savoir et ses réseaux, m'a chié sur la gueule, peste Bernard Tapie[1]. Il y avait le mélange de ma grande gueule et du m'as-tu-vu. Le fait que j'anime une émission de télé, qui faisait 12, 13, 14 millions, pour dire à des prolos : « Levez-vous le cul ! C'est pas foutu ! » leur est resté en travers de la gorge. Il a fallu le face-à-face avec Le Pen pour qu'ils comprennent que je ne me dégonflerais pas.

Ne pas être sur les radars : gros handicap dans notre pays qui a toujours préféré la Royale aux corsaires. Mathieu Chabran, le cofondateur de la société de gestion Tikehau Capital, s'en amuserait presque. Le 7 mars 2017, après l'entrée en Bourse de sa société, *Le Revenu* lui consacre un article louangeur. Une belle *success story*, selon le magazine spécialisé. Et pourtant, à la rubrique « Notre recommandation », le journal écrit : « En l'absence de comparable, restez à l'écart. »

Morale de l'histoire : pour être pris au sérieux, il faut que l'on puisse vous comparer à ce qui existe. Or, inventer et innover, c'est par définition créer de l'incomparable.

Même le milieu de la télévision est sujet à cette suspicion :

– Lorsque j'ai commencé à me faire remarquer, se

1. Entretien avec l'auteur, 25 novembre 2020.

souvient Cyril Hanouna[1], certains ont daubé sur moi : « On ne sait pas d'où il vient, Hanouna. Il débarque de la banlieue, il n'a pas fait d'études. » En plus, je n'avais pas fait d'école de journalisme. Je ne connaissais personne dans le métier. À la télé, mine de rien, tu as des clans. Il y a très peu de mecs qui sortent de nulle part. Beaucoup ont eu un cursus. Tu as des mecs qui passent le flambeau à d'autres mecs. Regarde Yann Barthès. Je m'en souviens : j'étais stagiaire à Comédie, je démarrais, il était déjà à l'antenne du « Grand Journal ». Il était sous la coupe de Michel Denisot. Il faisait les voix off, après il l'a mis à l'antenne. J'étais stagiaire, il faisait déjà sa chronique d'un quart d'heure. Après, il a eu son émission tout seul, moi j'étais chez moi. Ils ne m'ont pas vu arriver.

Il n'y a pas besoin d'être un étranger pour s'entendre dire en France : « Qu'est-ce qu'il fait ? Qu'est-ce qu'il a ? Qui c'est ce mec-là ? », comme le chantait Pierre Vassiliu. Si on n'a ni diplôme ni réseau à présenter, on vient forcément de nulle part.

1. Entretien avec l'auteur, 21 décembre 2020.

29

Comment stopper un intrus

La meilleure manière d'exister dans un pays qui vante les révolutions mais déteste le changement : bousculer les règles.

Au mitan des années 1960, un jeune Breton réinvente la filière du négoce de bois. Sa petite entreprise, France-Bois, lancée avec un petit prêt familial, démarre bien. Il achète le matin du bois de Scandinavie et même d'Union soviétique, qu'il revend l'après-midi. Il y a beaucoup d'intermédiaires dans cette filière. Trop, aux yeux du jeune entrepreneur. À 25 ans, il se rend en Scandinavie pour négocier directement avec des scieries. Il a convaincu un banquier auvergnat, qui dirige l'agence du Crédit lyonnais à Rennes, de le soutenir. Court-circuités, les importateurs installés de Rennes et de Saint-Malo, qui ont la haute main sur ce commerce, voient rouge. Non pas la couleur du maillot du Stade rennais, dont Pinault est aujourd'hui propriétaire, mais celle d'un signal d'alarme. Ils ne rechignent devant aucun moyen pour stopper l'insolent. Alors que Pinault attend l'arrivée de son premier bateau de Scandinavie, les dockers CGT de Saint-Malo lui annoncent qu'ils ne le déchargeront pas. Or, eux seuls sont habilités à exercer cette activité. Ils ont subi un chantage des importateurs. Le jeune entrepreneur, qui a commencé à prévendre le bois à ses clients, ne se démonte pas :

– Je vais au bistrot du coin avec le patron des dockers, se souvient-il[1]. Je lui dis : « Tu te rends compte que tu es en train de me mettre en faillite ! » Il me répond : « Ils nous ont dit que si on touchait au bois de Pinault, on ne travaillerait plus pour eux. » Je l'ai un peu déstabilisé en disant que les dockers faisaient l'objet d'un chantage. Quelques heures plus tard, il est revenu me dire : « J'ai parlé avec les copains, on ne va pas décharger ton bateau mais tu peux faire venir des gars à toi, démerde-toi, on ne dira rien. »

Le jeune patron fait le tour des artisans charpentiers autour de Rennes pour trouver facilement de la main-d'œuvre. Il affrète deux autocars. Le déchargement se fera à la main.

L'histoire est révélatrice de ce que subissent les nouveaux entrants en France. On ne se contente pas de les mépriser. On ne recule devant rien pour tenter de les déconsidérer. Dans son cas, on chuchota de mauvais échos sur son compte aux oreilles des banquiers. Un seul ne s'y fia pas : Roger Puéchaldou, du Crédit lyonnais de Rennes. Pour lui nuire auprès des dockers, les importateurs leur firent valoir qu'il était un « intrus ». Il

1. Entretien avec l'auteur, 24 mars 2021.

n'était pas des leurs. Il n'était donc pas légitime. Il fallait le bannir.

Vingt ans plus tard, l'entrepreneur rachètera un fleuron de l'industrie traditionnelle du papier, qu'il revendra ensuite, Chapelle-Darblay. Jean-Pierre Jouyet, qui travaillait alors au cabinet de Roger Fauroux, le ministre de l'Industrie, se souvient[1] :

– Vis-à-vis de Pinault, il y avait de la part de l'establishment politique, économique et administratif un vrai mépris de classe. Il n'était pas jugé convenable. Il ne faisait pas partie de la classe établie.

Ce mépris, Pinault l'a ressenti :

– Pour ces gens-là, j'étais un aventurier breton. À leurs yeux, tout cela a été un peu trop vite. C'est un peu louche[2].

Il ne fait pas bon déranger les rentes de situation dans notre « cher et vieux » pays. Et surtout pas tenter sa chance dans un domaine où les positions sont déjà prises. Pinault n'était pas seulement un « intrus » : il était « inconnu ».

1. Entretien avec l'auteur, 25 novembre 2020.
2. Entretien avec l'auteur, 24 mars 2021.

30

La main tendue

En juin 1989, j'achève mon année de troisième au collège Guillaume-Apollinaire de Plaisir. Les résultats du brevet sont affichés dans le hall. Ce même hall où, un an plus tôt, j'ai reçu une balle de tennis entre les deux yeux. À l'heure du déjeuner, il y avait foule : je n'avais pas pu voir quelle main l'avait lancée. J'enrageais. J'avais envie de pleurer. Mais je ne savais pas contre qui retourner ma colère. Aujourd'hui encore, lorsque je suis gêné par quelque chose, je ressens la brûlure de cette balle à la naissance de mon nez.

En ce mois de juin, les rangs sont bien plus clairsemés. À côté du tableau où sont annoncés les résultats de l'examen, le principal adjoint du collège guette le va-et-vient des élèves. Il s'appelait Bernard Moureau. Je me rends compte que j'écris son nom au passé alors que je ne sais même pas s'il vit toujours.

Cher monsieur Moureau, vous m'avez tendu la main. Je pense profondément qu'il n'y a pas d'ascension sociale possible sans qu'un « premier de cordée » vous fasse la courte échelle. Le mur à gravir est trop haut. On a besoin de quelqu'un pour nous hisser au sommet, nous grandir. La dernière fois que j'ai eu de vos nouvelles, c'était en 2003. Votre lettre, envoyée chez mes parents, portait le tampon de Brest, en Bretagne. Vous aviez lu mon nom dans un livre de Pascal Sevran, l'animateur de « La Chance aux chansons ». J'avais été invité à dîner chez lui, sur l'île Saint-Louis, avec d'autres journalistes et écrivains. Il avait relaté cette soirée dans son ouvrage. « Je suis heureux du chemin que tu as parcouru. Tu fréquentes des gens importants désormais », m'avez-vous écrit de votre écriture élancée.

En juin 1989, alors que je cherchais mon nom sur la liste des lauréats du brevet du collège, vous vous êtes approché de moi, un peu gêné :

– Tu l'as, Sébastien. Bravo ! C'est amplement mérité.

Je vous entends encore étirer ce mot : amplement. Vous m'impressionniez. Vous étiez un peu raide. Vous vous teniez si droit qu'on avait l'impression que vous alliez tomber à la renverse. Je vous ai remercié. J'allais tourner les talons et prendre la direction des grandes vacances quand vous m'avez retenu :

– Si tu veux, après ta rentrée en seconde, tu pourras venir à la maison. Nous pourrons discuter. Je pourrai t'aider, te prêter des livres et des films. Tu es un élève méritant.

Je pense que cette phrase m'a révélé à moi-même. Vous aviez deviné ce qui bouillait en moi. Oui, ma vie se passerait dans les livres et les films, sinon elle serait ratée.

Chez mes parents, il y avait bien des livres : ceux que papa me rapportait de ses visites chez le grossiste Métro et les trois que nous recevions par la poste une fois par mois de la part d'un club de vente par correspondance, Dial. Maman avait découpé dans *Télé 7 Jours* un bulletin d'adhésion et l'avait rempli sans regarder la mention écrite en tout petit au bas de la page publicitaire. Si on ne renvoyait pas les trois exemplaires reçus au bout de trois semaines, ils étaient dus. Nous avions pensé qu'ils étaient gratuits. Avant que les premières lettres de relance d'huissiers n'arrivent, j'ai eu le temps de lire *La Valise en carton* de Linda de Suza[1]. C'était mon livre préféré, ainsi que celui de maman. Je me souviens encore de la couverture bleue avec le beau visage de la chanteuse portugaise. Dans cette autobiographie, elle racontait comment elle avait échappé au destin qui lui était promis : concierge d'immeuble.

Un mois après mon entrée en seconde au lycée Jean-Vilar, j'ai composé votre numéro, monsieur Moureau Je n'avais pas beaucoup d'amis. Mes résultats, notamment en mathématiques, étaient catastrophiques. Vous m'avez fixé un rendez-vous un samedi après-midi, dans votre appartement de fonction juste à côté du collège. Votre femme m'a salué chaleureusement. Vous m'avez indiqué une pièce au fond d'un couloir : votre bureau. C'était la première fois que je voyais une pareille bibliothèque. Un magasin de bonbons. J'avais envie de

1. Carrère, 1984.

tout manger. J'étais bien dans mon élément. Quel livre m'avez-vous prêté la première fois ? Dans mon souvenir, je suis reparti de chez vous les bras bien chargés : Gracq, Mauriac, Montherlant… Je me suis jeté dessus comme un morfal. J'ignorais tout de ces écrivains.

Ensuite, ce furent des films : Fellini, Dino Risi, De Sica… Vous affectionniez le cinéma italien. Je les visionnais le soir sur le magnétoscope familial après que mes parents avaient regardé leur programme. En ce temps-là, il y avait le jour de « Sacrée Soirée », celui de « Porte-Bonheur », et celui de *Dallas*.

Après avoir ingurgité toutes ces belles nourritures terrestres, je revenais chez vous. Vous m'interrogiez sur ce que j'avais aimé, détesté. Vous me restituiez ces œuvres dans leur époque, m'expliquiez les sous-entendus que je n'avais pas saisis. Le samedi après-midi, trois ans durant, un professeur m'a fait l'école buissonnière.

Mes parents me voyaient transporter des livres. Cela les rassurait. Au contraire de ceux de Michel Onfray :

– Il y avait un climat particulier à la maison, m'a-t-il raconté[1]. Dans *Le Rouge et le Noir*, quand Julien Sorel est en train de lire sur le toit de la scierie familiale et que le père balance le bouquin : j'ai vécu ça ! Pendant que ma mère préparait la soupe à l'oignon, je lisais. Elle me demandait d'arrêter sous prétexte que j'allais m'abîmer les yeux. Très vite, c'est devenu une activité de « pédé ». Un garçon devait aimer le football, jouer dehors.

1. Entretien avec l'auteur, 12 novembre 2020.

Heureusement, quelques années plus tard, Michel Onfray a rencontré à l'université de Caen son monsieur Moureau : son défunt maître, le délicieux historien de la philosophie grecque et romaine. Il fut son éveilleur :

– Au premier cours de l'année, au cinquième étage de l'université de Caen, Lucien Jerphagnon nous a donné son adresse, en précisant qu'il répondrait à chaque lettre le jour même et qu'on recevrait une réponse le lendemain dans notre boîte aux lettres. Pendant des années, il a répondu à chacune de mes lettres le jour même. Je garde ce précieux trésor dans une chemise à la couleur passée. Et puis, un jour, il m'a proposé d'écrire dans une collection qu'il dirigeait.

Michel Onfray n'a jamais cessé de payer sa dette à Jerphagnon.

Un jour, en hypokhâgne à Janson-de-Sailly à Paris, j'ai demandé à l'un de mes condisciples ce qu'il avait lu et à quel âge. J'avais des années de retard ! Monsieur Moureau, vous m'avez permis de rattraper une partie du temps perdu. Surtout, vous avez jeté un pont entre ce monde qui me paraissait inaccessible – celui des livres, de l'écriture, du journalisme – et le lycéen que j'étais. Grâce à vous, la porte était entrouverte. Il me restait à m'y engouffrer.

Le ministre des Comptes publics, Olivier Dussopt, a la glotte qui se contracte quand il cite le nom de Gabriel Trombert. Son professeur de sciences économiques de terminale, président de la MJC d'Annonay, a reconnu le talent de ce fils d'ouvrier. Il lui a révélé l'existence de Sciences Po et l'a aidé à bachoter.

La ministre Élisabeth Moreno évoque sa première institutrice française :

– Lorsque je suis arrivée en France avec ma famille, j'étais un petit oiseau fragile. Elle m'a donné du courage et m'a incitée à sortir de ma zone de confort[1].

Aurélie Jean exprime sa gratitude à deux de ses professeurs de la Sorbonne (anciennement université Pierre-et-Marie-Curie) :

– À la fin de ma deuxième année, ils m'ont conseillé de tenter l'École normale supérieure en sciences et de faire un stage de plusieurs mois aux États-Unis à mi-parcours[2]. Pour moi, les études supérieures en France, c'était la jungle amazonienne. Je ne savais pas où candidater. Personne dans ma famille n'avait étudié les sciences après le bac. Normale supérieure, je ne savais même pas ce que c'était ! Ces professeurs ont été là pour m'orienter au bon moment. Résultat des courses : j'ai été l'une des rares de ma promo à partir aux États-Unis.

On songe à la phrase de Péguy : « C'est un spectacle admirable que donnent tant de professeurs… »

1. Entretien avec l'auteur, 21 décembre 2020.
2. Entretien avec l'auteur, 12 octobre 2020.

31

Lettres de noblesse

En France, il faut gagner ses lettres de noblesse. Sans quoi, vous passerez toute votre vie pour un usurpateur ou, au mieux, un amateur. Quand ce n'est pas un diplôme ou un réseau qui vous légitime, il faut acquérir autrement ces fameux sésames. Pour celles et ceux qui ont choisi la vie politique, c'est l'élection qui confère ce titre.

– Je voulais faire Sciences Po et l'ENA, raconte Manuel Valls[1]. Je n'y suis pas parvenu. Ce n'est pas l'échec d'un rêve. La vie politique en France propose une autre voie d'accès, très républicaine mais parfois plus longue, celle de l'élection. C'est celle que j'ai choisie. J'ai été élu à Argenteuil puis à Évry, en banlieue parisienne. C'est là que j'ai obtenu mes galons. Cette voie est souvent méprisée par ceux qui sont passés par le chemin classique qui mène directement des grandes écoles aux cabinets ministériels.

1. Entretien avec l'auteur, 13 janvier 2021.

Gérald Darmanin a lui aussi conquis au forceps sa « légitimité » :

– J'étais dans une région perdue pour la droite[1]. On ne se bousculait pas pour décrocher une investiture. Je l'ai obtenue et j'ai gagné. Le milieu politique est méritocratique : remporter une élection difficile éloigne le mépris.

Bernard Tapie a goûté à la politique. Selon lui, celle-ci lui a valu tous ses ennuis avec la justice. Mais sa rencontre avec François Mitterrand a été déterminante pour lui. Y compris psychologiquement. Le président de la République a été frappé par la prestation de ce sémillant chef d'entreprise dans une émission de télévision intitulée « Vive la crise ! ». Il a demandé au publicitaire Jacques Séguéla de lui organiser une rencontre.

– Mitterrand m'a dit : « Vous avez la chance d'avoir trouvé le bonheur sans avoir besoin de plaire à tout le monde. » Il m'a fait prendre conscience que j'étais légitime pour dire ce que je disais. Alors qu'aujourd'hui, quand Macron dit à un mec qu'il lui suffit de traverser la rue pour trouver un boulot, il n'est pas légitime. Mitterrand m'a donné confiance en moi[2].

On attend parfois si longtemps cette reconnaissance-là. Pour le galeriste Kamel Mennour, elle est venue de

1. Entretien avec l'auteur, 15 mars 2021.
2. Entretien avec l'auteur, 25 novembre 2020.

l'intérêt de grands collectionneurs comme François Pinault. Puis de l'acceptation de ses pairs :

– Le regard du milieu sur moi a vraiment changé quand je suis entré au comité de pilotage de la Fiac[1] [Foire internationale d'art contemporain de Paris]. Je suis devenu juge de mes pairs. Martin Béthenod, qui dirigeait alors la Fiac, m'y a fait entrer. Nous disions qui pouvait exposer et qui ne le pouvait pas. J'étais en quelque sorte devenu le physionomiste de la Fiac ! J'étais entré dans le *game* !

Dans la vie des idées, c'est Lucien Jerphagnon adoubant Michel Onfray, Raymond Boudon distinguant Gérald Bronner.

Mes lettres de noblesse journalistiques m'ont été fournies par deux messagers : Jean-Marie Rouart et Franz-Olivier Giesbert. Puisqu'ils me jugeaient digne d'apposer ma signature au bas d'un article dans leur journal, j'étais donc enfin légitime.

1. Entretien avec l'auteur, 26 novembre 2020.

32

Mon bras droit a fait l'ENA !

La devise de l'entreprise est *Beyond the obvious* : « Au-delà des évidences ». Elle résume bien la philosophie personnelle de David Layani qui l'a créée. Il quitte l'école à « 15 ans et demi ». Le premier banquier à qui il expose son projet, dans une agence de l'Ouest parisien, lui répond : « Monsieur, allez plutôt travailler. » En 2001, David Layani a créé sa société qui accompagne les entreprises et les acteurs publics dans leur transformation numérique. Il avait 22 ans. Emmanuel Macron alors ministre de l'Économie a inauguré ses bureaux en 2016, près du Trocadéro à Paris.

À 13 heures précises, je sonne à sa porte. La première chose que je vois dans le grand vestibule est un splendide luminaire créé par le plasticien breton Yann Kersalé. La deuxième : un homme que j'ai rencontré précédemment dans ma carrière de journaliste culturel alors qu'il officiait au musée Picasso à Paris, Laurent Sorbier. Un esprit affûté sous un air affable. Mais que fait donc ici ce diplômé de Sciences Po Paris, ancien élève de l'École normale supérieure de Fontenay-

Saint-Cloud, et conseiller référendaire à la Cour des comptes ? Laurent Sorbier m'accueille en m'annonçant qu'il conseille David Layani.

Résumer Laurent Sorbier à ses études occulterait l'essentiel dans ces circonstances : il connaît parfaitement l'économie numérique. Il l'a enseignée et a pris part à des aventures entrepreneuriales dans ce domaine (mySkreen, plateforme de VOD).

David Layani déboule. Nous échangeons quelques mots dans le salon puis passons tous les trois dans la salle à manger où un déjeuner *healthy* nous est servi. Mon hôte est un garçon vif, visionnaire et sensible. Je lui fais part de mon étonnement de trouver à ses côtés un « représentant du système ».

– Je ne suis pas le gars qui va vous dire : « Il faut être autodidacte pour réussir », me répond-il[1]. Bien au contraire. Je ne serais rien sans des gens ultradiplômés.

Quelques semaines plus tard, un autre « parti de rien » du monde des affaires, représentant d'une « économie des inconvenants », pour reprendre le titre d'un article paru dans *Les Échos*[2], me tient le même discours. Mathieu Chabran, le cofondateur de Tikehau Capital, est le petit-fils d'un maquignon provençal – « trader de moutons », selon son expression. Il a le verbe haut, fleuri et décontracté. Il avait 31 ans lorsqu'il s'est lancé avec son ami Antoine Flamarion, 29 ans. Les deux compères

1. Entretien avec l'auteur, 14 décembre 2020.
2. 8 octobre 2017.

se sont rencontrés chez Merrill Lynch, la banque américaine, au département immobilier.

Grégoire Lucas, le directeur des relations extérieures de l'entreprise, a organisé notre entretien, dans les bureaux de Tikehau, à deux pas du parc Monceau, à Paris. Les deux hommes se sont rencontrés lorsqu'ils étaient étudiants à l'ESCP. Grégoire a participé au premier tour de table de Tikehau. Durant une quinzaine d'années, il a été l'associé de la papesse de la communication Anne Méaux, chez Image 7.

Grégoire Lucas, libéral de choc et fin connaisseur de *Star Wars*, aime citer Obi-Wan Kenobi répondant à Han Solo : « Qui est le plus fou des deux ? Le fou ou le fou qui suit ? »

– Il faut être fou pour se lancer dans l'aventure entrepreneuriale, m'explique-t-il, mais aussi savoir en attirer d'autres prêts à tenter le saut !

Tikehau gère aujourd'hui près de 30 milliards d'euros. Il compte parmi ses actionnaires le fonds souverain singapourien.

– Pour entrer dans le club, il faut être parrainé, constate Mathieu Chabran [1]. Même si l'entrepreneur que vous êtes continue de tracer sa route, vous devez à un moment donné savoir vous entourer de personnalités connaissant le système de l'intérieur : des personnes naviguant dans le Paris des affaires, des hauts fonctionnaires, des anciens CEO de grands groupes… Nous avons

1. Entretien avec l'auteur, 6 janvier 2021.

grandi en ayant conscience de cela. Nous n'avons pas été dans l'opposition agitée permanente, bien au contraire. De bons parrains se sont penchés sur notre berceau.

L'entreprenant entrepreneur utilise la métaphore du berceau. Il aurait aussi bien pu faire référence à la courte échelle ou au marchepied. Pour franchir les murs dressés par le mépris français, il faut non seulement quelqu'un pour vous hisser de l'autre côté, mais une autre personne à l'intérieur pour vous réceptionner. Celui qui a joué ce rôle de receveur pour Tikehau s'appelle Jacques Mailloux. Major de l'ENA (la même promotion que Valéry Giscard d'Estaing), inspecteur des finances, il a dirigé la Société Générale et Usinor dans les années 1980 avant de finir sa carrière comme vice-chairman de la banque d'affaires américaine Goldman Sachs à Paris.

Jacques Mailloux a pris son associé Antoine Flamarion sous son aile. L'un des premiers conseils qu'il lui prodigue : « Si tu montes un truc, tu dois aller voir Albert Frère. » Le bras droit de ce dernier, Gilles Samyn, organise la rencontre.

– S'il y avait bien un « inconvenant », un outsider très longtemps rejeté par l'establishment, c'était lui, le fils du marchand de clous, raconte Chabran. Il nous a reçus en 2006 dans son bureau à Charleroi, en Belgique. Nous avions 30-32 ans. En une demi-heure, ça a été : *go*. Ils nous ont backés, aidés.

Les hommes de Tikehau peuvent estimer avoir manqué d'un marchepied en 2004 lorsqu'ils tentèrent de devenir le deuxième actionnaire d'Eurazeo, « un pilier de l'establishment financier[1] ». Il y a eu une réaction auto-immune du système capitaliste du VIIIe arrondissement de Paris, selon un observateur averti de ce dossier.

Le 6 juin 2004, Eurazeo annonce l'arrivée de la famille Decaux comme nouvel actionnaire de référence. Actionnaire avec lequel l'entreprise dit partager « le même ADN entrepreneurial ». Ce terme d'« ADN » résonne encore, dix-sept ans après cette opération avortée, comme la proclamation d'une certaine parenté dont Chabran et Flamarion se sont probablement sentis exclus. Ils ont tiré les conclusions de cette fin de non-recevoir. Avoir à ses côtés des investisseurs ayant pignon sur rue ne suffit pas pour grandir. Il faut aussi s'entourer de talents du « système ».

En 2017, un communiqué de presse de Tikehau attire l'attention. Le groupe annonce le recrutement comme « senior advisor » de l'ancien Premier ministre François Fillon. Son réseau international a assurément joué en faveur du jeune groupe. Il leur a ouvert des portes précieuses, notamment en Asie. Condamné à cinq ans de prison dont deux fermes dans l'affaire des emplois fictifs de son épouse Pénélope en 2020, le candidat malheureux de la droite a depuis quitté, après deux ans d'activités, Tikehau. Mais les compères n'ont pas renoncé à recruter des *insiders*.

1. *Challenges*, 8 juin 2017.

33

L'ami du bon étage

C'est un grand gaillard élancé, qui porte une capote de l'Armée rouge l'hiver, aime faire le baisemain aux filles de la classe, et vous donner de grandes claques dans le dos. J'admire en secret son aisance, son humour, sa fantaisie, sa nonchalance. Il s'appelle Antoine. Dans cette classe d'hypokhâgne du lycée Janson-de-Sailly, à Paris, je rase les murs. Je cherche plutôt la complicité des provinciaux, qui sont internes pour la plupart. Ils font le lien avec mon monde. Je me lie d'amitié avec le Havrais Christophe Ono-dit-Biot, que je retrouverai vingt ans plus tard au *Point*. Nous nous serrons les coudes. Antoine, lui, je le range parmi les inaccessibles, avec les hypokhâgneux à particule.

– Les voisins de mes parents ont une chambre de bonne à louer, pas chère du tout. Ils cherchent un étudiant sérieux, ça t'intéresse ? me glisse-t-il à la fin d'un cours d'anglais où nous sommes assis pour la première fois côte à côte.

Est-ce parce que j'ai une tête d'enfant sérieux qu'il m'a

donné la primeur de cette information ? J'en suis d'abord un peu froissé. Mais je fonce sur l'occasion. L'année scolaire a commencé depuis deux mois et le temps de trajet quotidien pour rallier ma banlieue s'avère trop lourd. Je décroche déjà. Mes parents se sont consultés. Ils m'ont alloué un budget de 1 000 francs par mois. Une somme conséquente pour notre famille. On ne trouve pas grand-chose à Paris à ce prix-là. Tant pis, je me débrouillerai. Je crois à ma bonne étoile. Antoine est la preuve que mon intuition était la bonne. Les propriétaires acceptent de revoir à la baisse leurs exigences. Je paierai 1 000 francs, pas un centime de plus.

– Tu as une bonne tête, plaisante mon nouvel ami quand je lui annonce la nouvelle.

Je me retrouve donc locataire d'une piaule au septième étage d'un bel immeuble du Marais, tout près de la caserne de la Garde républicaine. Le 14 juillet, à l'aube, j'entends les sabots des chevaux qui résonnent sur le bitume. Un lit, une table, une petite bibliothèque, une penderie, un lavabo… Le tour du locataire est vite fait. Sur le rebord de la fenêtre, un garde-manger fait office de réfrigérateur l'hiver. Pour les coups de fil, je descends à la cabine téléphonique sur le boulevard Henri-IV. Je suis prévenu sur un petit appareil appelé Tatoo des gens qui cherchent à me joindre. Leur numéro s'affiche sur ce petit boîtier gris.

Antoine vit chez ses parents, trois étages au-dessous. Un duplex lumineux, aux beaux volumes, très épuré, que je découvre un dimanche d'automne.

– Mes parents aimeraient faire ta connaissance, je leur ai parlé de toi. On rentre de week-end. Viens dîner avec nous. Ce sera sans façons.

J'accède à l'appartement des parents d'Antoine par la porte de service. Celle qui est réservée aux domestiques. Certains soirs de solitude, ou alors parce que j'ai faim (j'ai épuisé la barre de quatre-quarts au beurre achetée au Monoprix et les pots de crème de marrons de l'Ardèche de la marque Clément Faugier rapportés de temps en temps de chez mes parents), j'y sonnerai. La porte de service blindée des B. symbolisera à tout jamais pour moi la frontière qui sépare mon monde du beau monde.

Quand je m'assieds à leur table, leur conversation est encore remplie d'un week-end au golf et de feux de cheminée. Il fait très froid ce jour-là et leurs paroles enveloppantes me réchauffent. Ils sont avocats. La mère, blonde, vive ; le père, plus débonnaire. Superwoman et Aramis. Ils parlent vite, sans transitions. Fitzgerald a raison : les riches ont un truc en plus que nous. Pas seulement leurs manières, mais leur grain de peau, leurs ongles, leur démarche. Ils occupent l'espace avec une densité particulière.

Le repas à peine servi, je me jette sur le poulet et les frites. La faim a vaincu toutes mes résistances. Ils me regardent engloutir ma cuisse en souriant.

Malgré la gentillesse et la prévenance des B. (elles ne seront jamais démenties), j'éprouve ce sentiment déplaisant d'être à leur table « en dépit de mon milieu social et à cause de mes bons résultats scolaires », comme l'écrit la journaliste Josyane Savigneau dans son livre *Point de côté*[1], lorsqu'elle raconte sa découverte de la bourgeoisie de Poitiers.

Je vais vite me débarrasser de ce complexe. Antoine m'y aide. Je suis une curiosité pour lui : son premier copain venant de la classe inférieure. Il observe ce qu'il me manque, sans jamais se moquer de moi. Il m'emmène parfois jouer au tennis dans le club où ses parents l'ont inscrit. Dans les vestiaires, chaque membre dispose d'un casier avec son nom dessus. Les douches n'ont pas de porte. Un soir, en rinçant le shampooing sur ma tête, je découvre que la grande silhouette en face de moi n'est autre que le patron du groupe automobile PSA : Jacques Calvet. Dans le plus simple appareil, il me salue d'un geste de la main, comme si nous nous connaissions. Je me revois lui renvoyer machinalement son salut.

Antoine s'est aussi mis en tête de m'initier au golf dans le club de ses parents. Il me mène au practice et me fait une démonstration. Je veux frapper trop fort dans la balle : mon corps part à la renverse et je fais un roulé-boulé sur place. Mon ami se tient les côtes, il est ivre de rire.

Pour lui, j'étais un spectacle permanent : un mélange de Peter Sellers dans *The Party* et de Jacques Tati dans *Mon oncle*. Il m'a appris à rire de moi-même. À laisser retomber la tension en moi. « Souris, puisque c'est grave », chante Alain Chamfort.

1. Ouvrage cité.

Je me montre un élève patient et docile. Même si je rate les épreuves que me soumet mon ami les unes après les autres, je ne me défile pas. Sauf une fois. L'obstacle était trop haut pour moi.

– Mes parents m'ont inscrit dans un rallye, me dit-il un matin dans le métro. La réception aura lieu dans un mois. J'aimerais que tu viennes.

Je n'ose pas lui demander ce qu'est ce rallye. Un rallye, pour moi, c'était le Paris-Dakar. J'ai compris la nature de cet événement quand Antoine m'a invité à le rejoindre chez lui un samedi matin. Un professeur de danse nous attendait. Il s'agissait de réviser la valse, le rock et le tango. La seule piste que j'avais connue était celle du bal du village de ma grand-mère, où l'on passait « Life is Life » à fond les manettes. Le seul mouvement dont j'étais capable était celui d'un mât de bateau quand le vent se lève : je me penchais en avant ou en arrière. C'était limité. Me voyant me débattre avec ma carcasse, Antoine a ri comme jamais.

Le lundi, je lui ai annoncé que mes parents réclamaient ma présence le jour où était prévue sa fête. Plutôt mentir que rougir. Je ne découvrirai donc jamais les meilleures soirées mondaines qu'organisent certaines familles de la bonne société pour leurs enfants. Le réseau commence au berceau.

34

L'amour et le hasard, vraiment ?

« Voulez-vous savoir si la caste, les idées, les habitudes, les barrières qu'elles avaient créées chez un peuple y sont définitivement anéanties : considérez-y les mariages », écrit Alexis de Tocqueville dans *L'Ancien Régime et la Révolution*. En 1856, ce pionnier de la sociologie observe que « les familles anciennes et les nouvelles, qui semblent confondues en toutes choses, y évitent encore le plus qu'elles le peuvent de se mêler par le mariage ».

Qu'en est-il cent soixante-dix ans après ? Selon le chercheur Milan Bouchet-Valat, qui a réalisé une étude sur le sujet en 2015[1], « l'homogamie de diplôme, de classe et d'origine sociale a nettement diminué en France depuis quarante ans ». Elle n'en demeure pas moins prégnante. En 2011, 78 % des ouvriers vivaient

1. « Les rouages de l'amour et du hasard », thèse de doctorat de sociologie soutenue à l'Institut d'études politiques de Paris (http://ses.ens-lyon.fr/ressources/stats-a-la-une/l-evolution-du-taux-dendogamie-de-classe-sociale-en-france).

avec une ouvrière ou une employée, contre 3 % avec une femme cadre supérieure. L'homogamie se fait de plus en plus sur des critères éducatifs. Une autre étude de Pierre Courtioux et Vincent Lignon pour l'EDHEC Business School[1] montre que les diplômés des grandes écoles se mettent de plus en plus en couple avec des conjoints aux caractéristiques éducatives proches. Seuls 4 % des bac + 5 cohabitent avec une femme sans diplôme.

Le sentiment de caste se manifeste donc aussi dans la vie amoureuse. Même si le cinéma s'emploie à donner une image moins fataliste du sujet, comme la comédie de Philippe de Chauveron avec Christian Clavier et Chantal Lauby, *Qu'est-ce qu'on a fait au Bon Dieu ?*.

Beaucoup de celles et ceux que j'ai interrogés ont ressenti l'humiliation subie par Lucien de Rubempré (de son vrai nom Lucien Chardon), et que Balzac décrit dans *Splendeurs et misères des courtisanes*.

Lucien se rend à l'hôtel particulier du duc de Grandlieu, un aristocrate dont il convoite la fille, Clotilde. Un valet de pied lui barre l'entrée et lui signifie que le duc et la duchesse ne souhaitent pas le recevoir : « Il sentit sa moelle épinière se gelant dans les anneaux de sa colonne vertébrale, et une petite sueur froide lui mit quelques perles au front. »

1. https://www.edhec.edu/fr/publications/avoir-un-diplome-pour-faire-une-bonne-carriere-ou-un-bon-mariage.

Le mépris de classe faisant obstacle à l'amour : une histoire sans fin. Jeannette Bougrab, fille de harkis pauvres, me dit en avoir souffert. Anne Hidalgo[1] l'a vécu « par procuration », mais intensément, à travers sa sœur aînée Marie :

– Marie est brillantissime. Elle est entrée à l'école de commerce de Lyon. Là, elle a subi le mépris social à haute dose. Elle avait un petit copain qui était issu d'une famille de la grande bourgeoisie industrielle stéphanoise. La famille a fait barrage à leur histoire. J'avais deux ans de moins, je voyais cela de ma fenêtre : c'est terrible.

Il y a le mépris que l'on affronte. Il y a aussi la honte que l'on intériorise si fort qu'elle glace notre cœur. Le galeriste Kamel Mennour en grelotte encore :

– J'étais en première au lycée Élisa-Lemonnier, à la porte Dorée[2]. J'étais un peu le mec sympa de l'école. Je sortais avec une fille. Chaque fois, elle m'invitait chez elle. Moi, je ne pouvais la recevoir chez moi parce que j'habitais impasse Barbès. Un jour, elle m'a suivi. Elle a pris le bus jusqu'à la porte de Montreuil puis le métro sans que je m'en aperçoive. En montant l'escalier, je l'ai vue. Là, j'ai senti de la rage. J'ai mis un terme à cette histoire. J'avais trop honte. Elle n'avait pas le droit de pénétrer dans mon intimité comme elle l'a fait sans que je lui en donne l'autorisation.

Un jour, Kamel Mennour a laissé une femme appro-

1. Entretien avec l'auteur, 5 janvier 2021.
2. Entretien avec l'auteur, 26 novembre 2020.

cher sa maison : Annika. Elle est blonde, allemande et aristocrate. Ils vivent ensemble depuis trente ans et ont cinq enfants.

Est-ce que l'on prend sa revanche sociale par l'amour ?

À la question, les yeux enfantins du ministère de l'Intérieur, Gérald Darmanin, s'égaient. Il se souvient de sa découverte des jeunes femmes de la bourgeoisie parisienne avec un mélange de gourmandise et de gêne. L'une d'elles lui a en tout cas fait prendre conscience d'une faute de goût qu'il lui fallait corriger : les poils de nez se coupent.

À Anne Hidalgo, je demande, après avoir tourné quinze fois ma langue dans ma bouche :

– Votre conjoint [Jean-Marc Germain, rencontré au cabinet de Martine Aubry] est polytechnicien. La différence de diplômes a pu jouer dans votre relation ?

Elle me répond[1] :

– Je n'ai jamais souffert du mépris dans ma vie amoureuse. Jean-Marc vient de la classe moyenne. Son père était prof de maths et sa mère élevait les enfants. Ils croyaient à la méritocratie républicaine.

Au terme de deux heures d'entretien avec l'ancien Premier ministre Manuel Valls, je me sens assez costaud pour l'interroger sur sa vie conjugale. Je mentionne les

1. Entretien avec l'auteur, 5 janvier 2021.

articles qui ironisent sur la fortune de sa compagne actuelle, Susana Gallardo Torrededia, héritière des laboratoires pharmaceutiques Almirall. Et qui rappellent, avec délicatesse, que sa première épouse était institutrice. Il sourit. Pas ce sourire crispé qu'on lui connaît. Non, celui d'un homme comblé :

– Cette fortune a été acquise au prix d'un immense travail, sur trois générations, et un vrai esprit d'entreprise, discret aussi, sans ostentation, dit-il en évoquant sa belle-famille[1].

Il poursuit, amusé :

– Dans ma déclaration de patrimoine, cela n'apparaîtrait pas ! Logique et c'est heureux ainsi… Séparation des biens absolue ! Mais je l'ai vécu par le passé, souvent après un divorce, vous vous retrouvez à poil. L'appartement que vous aviez acheté, vous le laissez ou vous le vendez. Une autre forme de mépris vous vise alors, sur le mode « Mais il n'a rien ! ».

1. Entretien avec l'auteur, 19 janvier 2021.

35

« Comment un mec aussi bête peut avoir une Triumph de couleur rouge ? »

Au-delà du mariage, lieu de rencontre de toutes les stratégies, la lutte des classes – *dixit* Marx – imprègne toute la société. Cependant, la revanche sociale est unanimement considérée comme une passion triste, vile, dégradante. Déjà, vouloir prendre sa revanche, ce n'est pas bien, mais si de surcroît celle-ci est d'ordre social… L'establishment la juge du haut de ses positions acquises : il n'est pas partageur. Il considère qu'il y a toujours trop de monde sur le pont supérieur. Dans la salle des machines aussi, on juge souvent mal cette envie de « parvenir ». On voit le prix que Jean-Marie Villemin, le père du petit Grégory, a payé pour avoir été promu contremaître à l'usine. Le jour où Christine, sa femme, et lui se sont fait construire une maison à l'écart du village et se sont offert un canapé en cuir, la haine jalouse s'est déchaînée contre eux. Société de statuts, la France cultive le ressentiment et la jalousie niveleuse, maladive.

Dans nos imaginaires, la revanche sociale s'apparente à un péché capital : l'envie. Avoir « envie d'avoir envie », comme le chantait Johnny Hallyday, c'est tellement méprisable. Peu de gens confessent ce sentiment.

– La revanche sociale a sûrement été un moteur, confie pourtant François Pinault[1]. Mais je ne l'ai pas vécu comme ça. Je voulais sortir de ma condition. Je ne voulais pas devenir un bourgeois mais damer le pion à tout le monde. Je ne m'étais pas fixé de limite : j'y vais et on verra bien. Mais je suis devenu malgré moi un bourgeois, sauf dans ma tête. Souvent j'en rigole. J'ai tous les attributs du bourgeois : l'hôtel particulier, la maison en bord de mer. Je suis tombé dans le piège !

Éric Dupond-Moretti ne se cache pas[2] :

– J'assume le désir de revanche sociale. Elle s'ajoute à ma volonté personnelle. Dans ma famille, il y avait même une aspiration à ce que le petit orphelin de père que j'étais devienne autre chose qu'un ouvrier.

L'envie d'en sortir prend sa source dans un sentiment d'injustice : on se sent privé de quelque chose que l'on mérite. On a l'impression que nos efforts et nos qualités ne sont pas récompensés comme ils devraient l'être. Le garde des Sceaux l'exprime par un exemple frappant :

– J'étais chez les curés, j'étais boursier. Je voyais un mec qui était nullissime à l'école. Quand il a eu le BEPC à l'âge de 18 ans, on lui offre une Triumph décapotable de couleur rouge. Je me suis dit : comment un mec aussi bête peut avoir une Triumph de couleur rouge ? J'enrageais.

---

1. Entretien avec l'auteur, 24 mars 2021.
2. Entretien avec l'auteur, 7 janvier 2021.

La réussite éclatante est associée à l'argent. Je le vérifie en écoutant Kamel Mennour[1] :

– J'ai beaucoup réfléchi à ça. Si ce n'est que la revanche, tu vas vouloir être un businessman. J'aurais été banquier, donc malheureux. Moi, je voulais m'élever au maximum.

Ce qu'on reproche souvent à la revanche sociale, c'est le bruit qu'elle fait et son côté « trop voyant ». Il existe des fortunes légitimes et d'autres illégitimes. Les légitimes se doivent d'être discrètes. Les illégitimes sont clinquantes, bling-bling. J'ai toujours été agacé que l'on renvoie Bernard Tapie à son hôtel particulier dans le VIIe arrondissement de Paris, alors même que cet homme n'est pas un modèle pour moi. Mais enfin quoi ? Ce type de logement devrait être interdit d'accès à des gens comme lui ? Faudrait-il justifier d'un arbre généalogique aux milliers de branches pour prétendre y poser ses valises ?

J'interroge l'ancien ministre de la Ville quelques jours avant Noël 2020. Son épouse Dominique a recouvert les canapés où l'homme d'affaires reçoit de plaids douillets. La famille doit se retrouver au grand complet pour les fêtes. Tapie se lève pour me répondre. De la main, il désigne le salon de réception[2] :

– Lorsque j'ai acheté cet hôtel particulier, ce n'était pas une manière de prendre une revanche. Même si, quand je n'étais pas grand-chose, le seul espoir pour

1. Entretien avec l'auteur, 26 novembre 2020.
2. Entretien avec l'auteur, 15 décembre 2020.

moi d'habiter dans ce quartier était d'en devenir le facteur. Je l'ai acheté parce que j'aime les belles choses. J'ai acheté cette maison parce que je l'aime.

Je le pousse dans ses retranchements :

– Voyons, Bernard, ça pourrait se comprendre que, pour en mettre plein la vue à ceux qui vous ont méprisé, vous vous offriez une telle adresse !

Il s'approche de moi et me domine désormais :

– Je vais te dire un truc : cette maison, c'est le plus important de ma vie de riche. Eh bien, pourtant, je l'ai mise dans mon plan de sauvegarde dans l'affaire Adidas. Ça me fend le cœur.

Il me convainc. Mais je ne veux pas lui laisser le dernier mot. Je le lance sur son yacht, le *Phocéa* :

– Bernard, si ce n'est pas de la revanche sociale, ça... Un yacht !

Il bout. Va-t-il m'expulser de chez lui ? Non. Il attaque droit dans le buffet. Je ne résiste pas à citer sa réponse dans son intégralité. C'est du Audiard :

– Ce sont les circonstances qui ont fait que j'ai acheté ce bateau. J'ai un de mes potes, président de Thomson, qui faisait de la voile. Il avait un voilier de 22 mètres. Il nous invite avec ma femme. On fait une croisière. Je n'avais jamais fait ça. Je trouve le truc sympa. Malgré que ce soit grand, 22 mètres, tu n'as pas d'intimité. Mon pote de Thomson me dit qu'il y a un bateau à l'agonie, celui du navigateur Alain Colas. Depuis sa mort, il sert de quai d'amarrage en Polynésie. Comme il est en acier, je te dis pas dans quel état il est parce qu'il fait chaud et puis il pleut. Il fait 75 mètres. Je me dis : pourquoi pas. Je n'ai jamais eu une seule envie moi-même. Jamais. Tout ce que j'ai fait dans ma vie, tout, c'est des choses qui m'ont été proposées ou suggérées. Ni l'OM, ni rien. On y va, avec ma femme. On a un coup de cœur. Ce bateau est en ruine. Donc, je prends le bateau. Je le fais refaire dans un chantier naval français à Marseille. Je le mets sous pavillon bleu-blanc-rouge. J'engage que des marins français de la marine marchande. C'est le seul bateau de plus de 60 mètres depuis trente ans qui était pavillon, équipage et statut français. Je n'ai pas de leçons à recevoir. Je suis franchouillard. Pas dans les paroles, mais dans les actes.

Je lui fais remarquer que le *Phocéa* n'épatait pas certains clients distingués du café Sénéquier, sur le port de Saint-Tropez. N'a-t-il pas cherché à prendre sa revanche sur eux en leur imposant la vision de son yacht à l'heure du café ou du Spritz ?

– Ces gens-là ont le pognon pour se payer une bière à 15 euros, mais ils n'ont pas le bateau à quai. Ils ne sont pas non plus les campeurs qui passent devant les bateaux en disant : « Regarde, chérie, regarde comme ce yacht est beau. » Les bourrés de Sénéquier sont sur leur terrasse en train de regarder et de médire. On voit la bave sur leurs lèvres : « Regarde-moi ces connards avec leur yacht, mais tu te rends compte ! Tu as vu le pavillon ? Il est où ? Malte ! » Pourquoi la France est morte ? Parce que ce sont les aigris de Sénéquier qui décident de ce que les politiques ne décident pas.

Bernard Tapie n'a plus son yacht. Mais il ne sortira de son hôtel particulier que « les pieds devant », me jure-t-il en me raccompagnant à la porte.

36

« Ferme-la, prends ton oseille et tire-toi »

« Qui êtes-vous pour me juger ainsi, je vous le demande, monsieur Ayrault, Premier ministre de M. Hollande, je vous le demande, qui êtes-vous ? » Ainsi s'achève la lettre ouverte que Gérard Depardieu adresse le 15 décembre 2012 au *Journal du dimanche*.

Notre Gégé national est lui aussi piqué au vif. Quelques jours plus tôt, Jean-Marc Ayrault a jugé « minable » son installation à Néchin, un village belge situé à quelques centaines de mètres de la frontière française. Depardieu a soutenu publiquement Nicolas Sarkozy lors de la présidentielle de 2012, et il a critiqué la proposition de François Hollande d'instaurer une taxe de 75 % pour les plus riches. La motivation fiscale de son déménagement ne fait aucun doute.

Blessé par les propos du Premier ministre, l'acteur aux 200 films annonce qu'il va rendre son passeport français. À l'image de la réaction de Jean-Marc Ayrault, les propos indignés des membres de son gouvernement suintent le mépris. « C'est une forme de déchéance personnelle », déclare le ministre du Travail, Michel Sapin. « On regrette que Gérard Depardieu ne retourne pas au cinéma muet », ose la ministre de la Culture, Aurélie Filippetti. De son côté, l'acteur « engagé » Philippe Torreton renchérit dans le quotidien *Libération* : « Ferme-la, prends ton oseille et tire-toi. »

Depuis 2012, j'ai eu l'occasion d'interviewer à trois reprises Gérard Depardieu. Notre dernière rencontre remonte à septembre 2020. À chaque fois, il a fait allusion à cette polémique. Sans toutefois s'épancher. Mais il ressent dans sa chair toute la violence du discours sur la richesse dans notre pays. Ces bonnes consciences lui ont adressé un double blâme : non seulement il a agi en mauvais citoyen, mais il a eu le tort de s'enrichir et d'oser le montrer. Or, « enrichissement » sonne encore à ces chastes oreilles comme « corruption » ou « affairisme ».

Et au pays de la « haine envieuse », selon l'expression du philosophe Pascal Bruckner[1], le destin d'un Depardieu demeure insupportable. Balzac n'a-t-il pas mis dans la bouche de son Vautrin : « Le secret des grandes fortunes sans cause apparente est un crime oublié parce qu'il a été proprement fait » ? Qu'un môme de Châteauroux, qui a « commencé à travailler à l'âge de 14 ans comme imprimeur, comme manutentionnaire puis comme artiste dramatique[2] », ait pu s'enrichir à ce point est non seulement suspect mais

1. *La Sagesse de l'argent*, Grasset, 2016.
2. Lettre de Gérard Depardieu, *Le Journal du dimanche*, 15 décembre 2012.

moralement condamnable et tellement vulgaire. Toute « grande fortune » est promise à la même réprobation.

Comme l'a également montré Pascal Bruckner, la rhétorique s'avère ambiguë dans notre pays. « Elle vise moins à punir les huppés [...] qu'à faire honte aux classes populaires et moyennes de déployer de grandes ambitions. Il est plus facile de maudire les nababs que d'arracher les déshérités au besoin. » « L'amour des pauvres » brandi par certains ne doit pas faire illusion. On aime bien les pauvres... à condition qu'ils restent à leur place. Lydie Salvayre l'a dit mieux que quiconque dans son roman *Les Belles Âmes*. L'écrivain imagine une agence de voyages proposant la visite commentée des endroits les plus miteux d'Europe.

Le garde des Sceaux Éric Dupond-Moretti[1] connaît bien cette bonne conscience. Lorsqu'il a été nommé ministre de la Justice, sa déclaration du patrimoine a été regardée à la loupe.

– Si vous êtes joueur de foot, vous pouvez gagner dix millions net, partir au Barça sans payer d'impôts. Mais si vous êtes un avocat qui s'est fait tout seul et qui gagne 70 000 euros par mois, ouh là là ! En plus, certains font peser le soupçon sur l'origine de cet argent, mais j'ai toujours dit que j'étais rarement allé chercher mes honoraires dans les presbytères. *L'Obs*, après avoir publié mon patrimoine, s'est fait tancer sur les réseaux sociaux : 95 % des gens ont dit « Foutez-lui la paix ! » J'ai trouvé cela rassurant.

1. Entretien avec l'auteur, 7 janvier 2021.

Les monuments de Paris

Quatrième visite : Laurent Berger

Dans la famille, on le surnommait « Moustache » à cause de l'épaisse broussaille qui ornait sa bouche. Son vrai nom était Robert Jolly. C'était le deuxième mari de ma grand-mère paternelle. Un homme d'une bonté comme je n'en jamais vu, avec une foi chevillée au corps : le communisme.

L'été, à bord de son camping-car, il sillonnait l'Union soviétique en famille. Ces pèlerinages nous étaient narrés lors de mémorables séances diapos. Dans sa bibliothèque, j'ai pris mes premiers cours de littérature : Zola, Thorez, Aragon... Il y avait aussi une volumineuse histoire de la Seconde Guerre mondiale, qui ne mentionnait pas le pacte germano-soviétique. Le jour de la chute du Mur de Berlin, « Moustache » a pleuré... de tristesse.

Deux ou trois fois, il m'a emmené « à son travail » : le Centre d'études atomiques de Saclay, près de Paris. Son bureau, c'était le local de la CGT, syndicat dont il était le délégué. Il jugeait les « types de la CFDT » un peu trop « perchés » à son goût, un peu méprisants.

Je pense à lui et à ce mot, « perchés », en faisant le planton devant le siège de la CFDT, dans le quartier de Belleville à Paris. Je suis en avance, car j'ai lu quelque part que le secrétaire général du syndicat, Laurent Berger, avec qui j'ai rendez-vous, avait horreur des retardataires.

Il me reçoit[1] dans la salle où les membres de la commission exécutive se retrouvent en principe chaque lundi pour déjeuner ensemble. Je lui parle de « Moustache », de la CGT et des « perchés de la CFDT ». Il sourit de ce sourire des timides.

– Entre sections syndicales, on a des affrontements parfois durs, qui viennent plus du fait que les gens ne pensent pas la même chose. Ça m'est arrivé de me faire alpaguer sur le marché de Saint-Nazaire avec mes enfants par des cégétistes. Je m'entends bien avec tout le monde. La CFDT est devenue la première organisation syndicale. On aurait pu jouer aux dominants, comme la CGT à une époque, mais nous ne cultivons pas ça.

La CFDT a pourtant cette réputation d'intellos dans l'univers syndicaliste :

– Quand j'entends cela, j'y vois une forme de mépris, rétorque-t-il. « Tiens, un syndicaliste intelligent ! » C'est horrible comme phrase. J'en côtoie tous les jours des syndicalistes intelligents. J'ai été élevé dans l'idée que l'intelligence, c'était différent de l'éducation et de la connaissance. C'est vrai, je n'aime pas les slogans, c'est réducteur. Moi, j'aime me confronter à des intellectuels. Et ce qui anime cette maison, c'est l'intellectuel collectif. Mais attention, le mépris marche dans les deux sens. Le syndicaliste peut dire à l'intello : tu ne vas pas me raconter la vie...

Laurent Berger déplore le déclin de la lecture chez ses interlocuteurs. Le débat s'affaisse, selon lui, car « il est trop

1. Entretien avec l'auteur, 26 mars 2021.

dans l'écume ». Quand François Chérèque lui a passé la main, il lui a donné ce conseil : « N'oublie jamais de prendre du recul. Fais-toi mettre de côté tous les hebdomadaires pour les lire le week-end. » Nicole Notat lui en a prodigué un autre. En 2002, lors du congrès à Nantes officialisant son départ, une petite réception se tient avant l'ouverture des débats. Laurent Berger est alors sur le point de devenir responsable de la CFDT dans les Pays-de-la-Loire. En le voyant débouler en veste et pantalon, tenue peu habituelle chez lui, elle le félicite : « Tu as raison, Laurent, ne l'oublie jamais, on n'est jamais trop beau pour représenter les travailleurs, on n'en fait jamais trop pour eux ! ».

À la CFDT, Laurent Berger ne s'offusque pas que l'on ne lui dise pas bonjour en le croisant dans les couloirs. Mais il ne tolère pas le manque de politesse à l'égard des personnes qui font le nettoyage : « C'est une faute pour moi. » Dans les dîners officiels, il s'agace des convives qui ne remercient pas les serveurs « lorsque l'assiette se pose ».

– On est toujours le méprisé de quelqu'un, mais on est toujours potentiellement le « mépriseur » d'un autre, résume-t-il. Comme pour le dialogue social : c'est le comportement et la loyauté des acteurs qui jouent. Le respect à avoir n'est pas une question de diplôme ni de position dans la société.

Laurent Berger a la fierté de ses racines ouvrières. Fils d'un soudeur du chantier naval de Saint-Nazaire et d'une mère auxiliaire de puériculture, il dit ne pas avoir « senti de frein » dans son milieu d'origine.

– Il y avait une grande conscience ouvrière, pas vécue comme un fardeau, mais comme une fierté. Ça m'a beaucoup servi ensuite, dans des moments où j'ai eu à rencontrer des gens qui avaient des parcours scolaires exceptionnels, à ne pas me sentir inférieur. Je voyais bien que nous n'étions pas formatés de la même manière.

Troisième enfant d'une fratrie de quatre, il était « le fragile, le timide ». Préférant le ballon au tableau, ses résultats scolaires s'en ressentent. À la fin de sa troisième, au collège de Saint-Marc-sur-Mer, on lui conseille de s'orienter vers un BEP comptabilité :

– C'est toi qui choisis, m'a dit ma mère, mais tu peux faire autre chose. Elle m'a accompagné et donné confiance en moi.

Laurent Berger sera un bon étudiant. Il se passionne pour l'Histoire. En fin de maîtrise, on lui propose de rejoindre l'équipe dirigeante de la JOC (Jeunesse ouvrière chrétienne) où il milite. Un de ses professeurs, Marcel Launay, le pousse à cela.

– Il y a des gens comme ça qui vous font passer le cap et vous apprennent à dépasser vos trouilles car, inconsciemment, on intériorise forcément que de là où on vient ça va être plus compliqué.

Produit de l'éducation populaire et d'un militantisme associatif qui considère que l'émancipation s'acquiert aussi par la confrontation à d'autres, comment vit-il la confrontation avec les chefs d'entreprise et les politiques ?

– Le mépris existe encore, dit-il, mais il ne se trouve pas là où on l'attend. J'ai vu des patrons qui pratiquaient le mépris et d'autres non, avec qui il y avait un grand sentiment d'égalité. Même chose pour les hauts fonctionnaires. J'en ai vu capables de très bien comprendre des situations concrètes et d'autres drapés dans leurs certitudes. Ce n'est pas une classe ou une caste qui pratique le mépris, c'est la manière d'être des gens. Ceux qui ont compris l'épaisseur de la vie et les interactions sociales sont prémunis contre ça. Alors que ceux qui sont restés dans le même moule le sont moins.

Il refuse de succomber au discours anti-élites :

– Nous avons besoin de gens qui fassent de hautes études. Une administration qui tient la route est indispensable pour structurer un pays. Le souci dans les cabinets ministériels n'est pas qu'il y ait des hauts fonctionnaires, mais c'est qu'il y ait au mieux 10 % de gens qui viennent d'ailleurs. À quel moment le praticien qui connaît le terrain est consulté ?

Parle-t-il de lui-même ? On a lu qu'il n'avait pas encaissé le refus du pouvoir de l'écouter lors des discussions sur le projet de loi de réforme des retraites durant l'hiver 2019-2020. Il s'opposait à la mise en place d'un âge pivot. Il se serait senti humilié par Emmanuel Macron :

– À l'Élysée, les cerveaux fonctionnent vite mais souvent trop seuls, ironise-t-il. L'intelligence, aussi grande soit-elle, n'est jamais aussi pertinente que quand elle se confronte aux autres. Ils ont du mal à le faire et à mesurer l'épaisseur de la société.

Laurent Berger déplore l'image du syndicaliste, véhiculée par certains milieux, supposé ne rien connaître en économie, indifférent à l'équilibre des finances publiques... Je lui rétorque que les syndicalistes ont peut-être une part de responsabilité dans cette mauvaise réputation. Ne renvoient-ils pas l'image de conservateurs arc-boutés sur des statuts ? Identifie-t-il le mépris comme une cause possible d'explosion sociale ?

– Notre pays a du mal à se saisir de la question du travail. Quand on évoque ce sujet, on parle de régulation, de réglementation, d'assouplissement, jamais de l'accomplissement de la tâche. C'est ça qui crée la fracture sociale. Je ne sais pas s'il y a un mépris, oui, mais il y a un délaissement de certains métiers. Regardez les métiers de service à la personne. On confie nos enfants et nos parents à des gens qui sont très peu reconnus professionnellement. Beaucoup de gens indispensables sont invisibles, peu reconnus. Le vrai risque est dans le manque de reconnaissance de ces métiers intermédiaires.

Parle-t-il aussi des syndicalistes ? Le mépris qui s'est développé à leur égard est le symptôme d'un dialogue social marqué par la défiance. Laurent Berger y échappe plutôt, même si, il en est convaincu :

– Sitôt mon mandat accompli, il se trouvera bien des gens pour dire que je suis un type médiocre.

37

Si les Ricains n'étaient pas là !

Il m'a donné rendez-vous au Park Hyatt, un hôtel de luxe situé à deux pas de la place Vendôme, à Paris. « J'ai un comité stratégique », m'a-t-il écrit sur WhatsApp, pour justifier le choix du lieu.

Le comité stratégique en question n'est pas celui d'un grand groupe, mais d'une association loi 1901 : Les Déterminés. Moussa Camara, le trentenaire avec qui j'ai rendez-vous, l'a créée en 2015. Son objectif est de promouvoir l'entrepreneuriat dans les quartiers populaires et les campagnes. Les Déterminés ont élaboré un programme d'accompagnement gratuit. Depuis 2015, 207 personnes ont suivi leur formation, parmi lesquelles 60 ont créé leur entreprise.

– Je n'avais pas de réseau quand j'ai créé Les Déterminés. Je ne regarde pas les diplômes des gens ni d'où ils viennent. Je regarde leur personne, leur envie, me dit-il[1].

La détermination de Moussa Camara s'écoute dans sa

1. Entretien avec l'auteur, 22 octobre 2020.

voix. Cinquième enfant d'une famille malienne qui en compte huit, il a grandi dans le quartier HLM de la Croix-Petit à Cergy-Pontoise. Son père était agent d'entretien à la mairie et sa mère femme de ménage au centre des impôts. Enfant hyperactif, Moussa est ballotté d'un établissement à l'autre. Très jeune, il manifeste un esprit d'entreprise. Pendant les vacances, il nettoie son quartier avec des copains et rapporte au supermarché du coin les caddies abandonnés par les clients.

– Longtemps, le choix proposé aux types des cités, c'était soit l'assistanat, soit la carrière de grand sportif, déplore-t-il. J'ai voulu devenir entrepreneur. On ne met pas assez en valeur l'entrepreneuriat en France. C'est une aventure. On prend des risques, on échoue. Puis on apprend et on se relève.

À 22 ans, il crée sa première boîte de sous-traitant dans les télécoms. Sans expérience dans la gestion, il échoue. À ce moment-là, des violences éclatent dans son quartier. Il joue les médiateurs entre les jeunes et les autorités. Une association naît de cette crise : Agir pour réussir. Cet engagement associatif lui vaut d'être remarqué par une fondation américaine qui propose des programmes de mentorat à de jeunes Européens. Moussa Camara est invité à séjourner trois mois aux États-Unis. Rencontres avec des lobbystes la journée, actions philanthropiques dans les ghettos le soir, discours d'Obama à la Maison-Blanche… Il en reviendra métamorphosé.

– L'Amérique ne me faisait pas rêver, se souvient-il.

Je ne parlais pas anglais. Mais j'en suis rentré avec une autre façon de penser. Grâce à l'économie, les Américains ont un impact social. En plus de ça, ils sont très patriotes vis-à-vis de leur pays.

Les États-Unis sont souvent considérés avec mépris en France. Les méprisés de France, eux, regardent l'Amérique avec envie. Pour eux, c'est encore l'eldorado des audacieux. À 21 ans, la chercheuse et entrepreneuse Aurélie Jean[1] est partie aux États-Unis grâce à un prêt d'honneur. Elle a trouvé seule un laboratoire où poursuivre ses recherches. Après le MIT (Massachusetts Institute of Technology), elle a travaillé deux ans chez Bloomberg. Elle partage sa vie entre les deux côtés de l'Atlantique. À Paris, il faut désormais avoir un scientifique spécialiste de l'intelligence artificielle à sa table : bienvenue dans la start-up nation ! On s'arrache cette « Française du MIT ». C'est ainsi qu'on la surnomme dans les cercles d'influence. Snobisme du diplôme, quand tu nous tiens ! Ce surnom l'agace prodigieusement :

– Aux États-Unis, on me présente comme « Aurélie ». C'est neutre. Ça ne donne aucune autre indication sur moi. En France, c'est le contraire : tout ton CV y passe. Il y a une obsession du diplôme et de l'adresse. Je viens d'une cité, mais depuis que je suis passée par les États-Unis et en particulier par le MIT, on s'intéresse à moi.

1. Entretien avec l'auteure, 12 octobre 2020.

Ce snobisme peut perdre notre pays, qui passera alors à côté de nombreux talents !

L'élection d'Emmanuel Macron à la présidence de la République a joué dans son envie de s'investir en France.

– En 2017, je me suis dit : il va réactiver l'ascenseur social. Durant la campagne, il s'est entouré d'outsiders. Il avait l'air différent. Trois ans après son élection, je vois le système se refermer.

En mars 2020, avec Guillaume Grallet, j'ai interrogé Aurélie Jean pour *Le Point* sur les forces et les faiblesses de la recherche en France. Elle déplore que nous ne donnions pas leur chance aux outsiders, « à ceux qui pensent différemment, à ceux qui ne suivent pas le parcours scolaire royal ». Elle cite à l'appui une phrase de l'homme d'affaires, ancien maire de New York Michael Bloomberg : « *As a big company like Bloomberg, we should always be afraid of the two guys in the garage* » [« Une grosse entreprise comme Bloomberg devrait toujours avoir peur des deux gars dans leur garage », allusion aux deux créateurs d'Apple]. Après la parution de notre entretien, un proche du président de la République l'a appelée pour lui dire : « Tu exagères quand même. L'ascenseur social remarche : on a Benalla. »

C'est ce qui s'appelle être lucide !

38

Le mépris des méprisés

C'est quand la mobilité sociale est bloquée que le syndrome de l'imposteur peut prendre de l'ampleur. L'angoisse que son « usurpation » soit démasquée le conduit à se cacher sans cesse derrière un masque impavide ou serein, la plupart du temps. L'imposteur est si exigeant avec lui-même qu'il devient intransigeant avec les autres. Son perfectionnisme le rend condescendant. Ses commentaires peuvent être facilement blessants. Enfin, quand on doute à ce point de ses propres capacités, on tend à réaliser soi-même tout ce que l'on entreprend. La moindre aide serait vécue comme un échec. Elle confirmerait l'« imposture », en démasquant nos faiblesses.

Toutes ces stratégies de contournement, je les connais. Elles prennent possession de moi à mon corps défendant. Ma voix se glace. Mon visage se raidit. *Poker face*, on appelle ça. Cet air impassible du joueur de poker pour ne pas trahir son jeu.

Chez les patrons, les artistes ou les intellectuels, c'est un péché que l'on peut confesser. Les politiques, eux, rechignent à en parler. À l'exception notable de Xavier Bertrand. En 2005, Dominique de Villepin le nomme ministre de la Santé :

– Dans l'ordre protocolaire, je suis devant François Baroin et Jean-François Copé, qui sont habitués à fréquenter la première division, se souvient-il[1]. Ils sont le symbole de tout ce que je ne suis pas : élégance, classe naturelle. En 2005, devant eux… j'ai le sentiment de ne pas être à ma place. Je me dis : il faut que j'apprivoise les codes. Alors je me mets à faire du *media training*. Je change mes costards. Je commence à aller aux dîners. Je deviens certainement con, arrogant. Ce n'est pas moi, ça. Regardez les photos de moi à cette époque : je ne suis alors pas le type le plus heureux du monde.

Deux ans plus tard, Nicolas Sarkozy lui propose d'être l'un de ses porte-parole de la campagne présidentielle.

– Cécilia lui aurait dit que j'avais une tête d'assureur, donc de Français ordinaire…

En politique, dénoncer le mépris de son adversaire est un argument souvent employé pour s'attirer la sympathie des électeurs. En 2016, lors de la primaire de la droite, François Bayrou, qui soutient Alain Juppé, s'attaque en ces termes à Nicolas Sarkozy dans une tribune publiée sur sa page Facebook : « Comment peut-il en arriver à cette violence de chaque minute, lâchant des insultes avec un mépris affiché, crachant sur ceux qui ne

1. Entretien avec l'auteur, 22 décembre 2020.

votent pas pour lui, n'hésitant pas à leur enjoindre sans crainte du ridicule de “se taire” ? »

Je tente de rafraîchir la mémoire de Nicolas Sarkozy, en lui rappelant également le fameux « Casse-toi, pauv' con », dont il gratifia un Français ayant refusé de lui serrer la main au Salon de l'agriculture, le 23 février 2008. Ce badaud hostile lui avait lancé : « Ah non, touche-moi pas ! Tu me salis ! » Fallait-il répondre par l'insulte au mépris ? Un président de la République ne devrait pas dire ça, non ? Pourtant, l'intéressé ne confesse aucune faute. Il n'a même aucune raison de mépriser :

– Je suis le type le moins amer et le moins jaloux du monde[1].

S'il est une femme politique que ses adversaires dépeignent comme volontiers méprisante, c'est bien Anne Hidalgo. J'ai compulsé les déclarations et les documents électoraux des deux campagnes municipales qu'elle a remportées, en 2014 et en 2020. C'est le principal reproche que lui fait l'opposition. Mais j'ai également entendu ce grief dans la bouche de Français exaspérés par ses initiatives. Comme cet artisan de la région parisienne que je connais, furieux que la maire de Paris réduise la circulation dans la capitale.

– Je ne peux plus travailler dans Paris, me dit-il. Hidalgo ne veut plus de gens comme nous, les artisans.

1. Entretien avec l'auteur, 7 janvier 2021.

Elle nous méprise. Elle ne veut plus voir que des bobos à vélo.

Je soumets ces remarques à Anne Hidalgo. Elle s'efforce de renverser la charge de la preuve.

– J'ai entendu ces reproches, me dit-elle[1]. J'ai regardé d'où venait l'agressivité à mon encontre. De certaines personnes habitant en dehors de Paris, pas du tout dans les banlieues difficiles, des hommes, plutôt des CSP+, que j'empêchais d'utiliser la liberté qu'ils pensent supérieure à tout : leur voiture. Ces hommes m'en veulent de ne plus pouvoir circuler à leur guise dans le plus beau paysage du monde : les voies sur berges avec cette enfilade de ponts, qu'ils empruntaient la nuit. Moi, je dois protéger la santé des Parisiens. Les gens modestes prennent les transports en commun.

Réponse politique de la maire de Paris. Qui témoigne, au minimum, d'un mépris pour… les mâles CSP+ qui se déplacent en voiture ! Elle ajoute malgré tout :

– Je ne suis pas méprisante, non.

Rabaisser l'autre ? La tentation est forte, même chez ceux qui se veulent vertueux !

1. Entretien avec l'auteur, 5 janvier 2021.

39

« Il faut ôter votre chevalière »

– Vous allez vous occuper de notre jeune ami. Je vous le confie.

Le directeur du *Figaro littéraire*, Jean-Marie Rouart, me laisse seul avec le gandin qu'il vient de me présenter. Lunettes cerclées, veste autrichienne sur pantalon lie-de-vin, nœud papillon... Je n'ai jamais vu pareil accoutrement. S'agit-il d'un nouvel Hibernatus sorti des glaces ou bien d'un figurant d'un téléfilm de Nina Companeez ? Nicolas d'Estienne d'Orves, c'est son nom, paraît encore plus gêné que moi. Je fais tout pour lui faire sentir qu'il est malvenu.

Après deux ans d'apnée, de sueur et de cheveux arrachés, je viens de toucher au graal : être engagé au *Figaro*. J'ai signé mon premier contrat à durée indéterminée quelques semaines plus tôt. Or voilà que Rouart me met cet aristo dans les pattes. Il ne jure plus que par lui. Je crois ma disgrâce venue. Quelques articles ont suffi à le convaincre qu'il fallait « l'intégrer à l'équipe ». Ce qu'il m'a été si difficile à obtenir tombe tout cru dans le bec du jeune homme ! Je sens menacée ma place si chèrement conquise. Comment résister au petit-neveu d'un héros de la Résistance ?

Rouart m'a demandé de chaperonner sa nouvelle recrue. C'est une belle preuve de confiance. Pour moi, il s'agit plutôt d'un supplice. J'observe le nouveau venu : ne serait-il pas mieux dans son château en province à chasser ? Je suis français : dans mon imaginaire, l'aristocrate s'adonne à l'oisiveté. Il méprise le travail, réservé aux roturiers comme moi. Ce type, qui a mon âge, veut me voler mon boulot ! J'entends bien lui faire tous les crocs-en-jambe possibles et imaginables avant qu'il y parvienne. Je vais le dégoûter. Lui couper l'envie de rester ici. Cela m'embête un peu, car il est sympathique. Il ne se prend pas au sérieux. Et timide, en plus de cela. Autant que moi, c'est dire. Ne serait-ce pas une ruse de sa part ? Je joue mon rôle de chaperon avec mauvaise grâce. Je fais le service minimum. Alors que notre première journée s'achève, il me fait cet aveu, la voix balbutiante :

– Je ne me sens pas de taille pour travailler ici. Je vais dire à Rouart que je refuse sa proposition de contrat. Comment me conseilles-tu de m'y prendre ? Je suis désolé.

Je ne sais pas ce qui domine en moi alors : le soulagement de voir un rival sortir de la course ou alors la sympathie profonde que m'inspire ce garçon ? Les deux sans doute. Avec Néo, c'est ainsi qu'on le surnomme affectueusement, nous sommes devenus amis. S'il sonnait chez moi en pleine nuit pour me dire qu'il avait commis un meurtre et me demandait de l'aide, je le ferais sans hésiter. Et je sais que c'est réciproque. Preuve de notre proximité, je l'ai choisi pour être le témoin de mes deux mariages. Écrivain prolixe, Nicolas a publié une vingtaine de romans.

– Je t'ai méprisé plus que je ne l'ai été moi-même, lui dis-je un soir de couvre-feu durant l'hiver 2020-2021.

Nous discutons tandis qu'il prépare le dîner de ses deux garçons. Au menu, une de ses spécialités : les oreilles de cochon. Il aurait pu opter pour la tête de veau. La sienne, de tête, dans l'inconscient français, aurait dû être coupée. La Révolution n'est pas terminée dans notre pays. Nicolas s'en amuse. Il y a un tel décalage entre l'aura de son nom et sa situation aujourd'hui :

– Je suis un déclassé, me dit-il. Tout ce que possédait ma famille a été dilapidé. Il n'en reste que des images sur les murs de mon appartement, me dit-il en désignant des gravures. Je mène une vie d'étudiant attardé.

Il n'empêche, la notion de lignée revêt une telle importance dans notre pays que le passé se superpose sans cesse à son présent.

La société française distribue généreusement son mépris. Ceux qui viennent d'avant-hier essuient parfois le même type de sarcasmes que ceux issus d'hier.

Quelques semaines plus tôt, j'ai profité d'un déjeuner avec l'aristo le plus célèbre de la politique française pour l'interroger sur ce sujet : le vicomte Philippe Marie Jean Joseph Le Jolis de Villiers de Saintignon, père de sept enfants, a tout pour plaire aux chansonniers. Il a beau avoir créé l'une des plus dynamiques entreprises de spectacle d'Europe, le Puy du Fou, et une course de légende, le Vendée Globe, on le renvoie sans cesse à l'image du châtelain.

– On ne cesse de me demander : « D'où parles-tu, camarade ? » me dit-il[1]. Je comprends ceux qui s'estiment discriminés : je le suis moi-même.

– Cela vous a-t-il nui politiquement ?

– On ne peut pas faire de la politique avec un nom comme le mien. C'est mortel. Tout est dans l'attaque : « Bonjour, monsieur le vicomte » et c'est fini ! Pourtant, ma famille et moi-même ne vivons pas dans le milieu aristocratique. Nous ne sommes pas des gens d'argent. Mon père a voulu que je sois élevé comme un petit paysan. Je parlais le patois. Cela a été ma chance. Au collège, le professeur se moquait de mon langage de charretier. Je n'ai jamais senti ce mépris dans les yeux du peuple. Mais dans les élites, oui. Combien de fois on m'a dit : « Tu as réussi en Vendée, tu as le bon *background*, mais il y a un truc qui ne colle pas : tu ne veux rien abandonner de ce que tu es, donc tu apparais pour ce que tu n'es pas : hiératique, extérieur à la société, vaguement arrogant. Ça peut se gommer. » Des conseillers en communication m'ont proposé des recettes miracle et des mots-valises. Peu après la présidentielle de 1995, je suis invité à déjeuner par Patrick Le Lay, qui dirige TF1. « Philippe, me dit-il, vous êtes un espoir pour l'avenir, mais il faut ôter votre cheva-

1. Entretien avec l'auteur, 30 septembre 2020.

lière. » Je lui demande pourquoi. « Vous n'avez pas vu ? Pendant toute la campagne, les journalistes n'ont regardé que ça et n'ont montré que ça. Pour eux, vous êtes le vicomte. » Quelle est l'histoire de cette chevalière ? J'appartiens à une vieille famille d'officiers français qui existe depuis 1066. Nous avons payé l'impôt du sang. Le titre de vicomte a été accordé après plusieurs batailles. Mes ancêtres officiers ont servi tous les régimes. La discrimination dont je suis l'objet s'incarne à travers cette chevalière. Un journaliste de France 2 m'a demandé pourquoi je la portais. Je ne la retirerai pas, car elle ne m'appartient pas. Mon père la tenait de son père qui la tenait de son père… Au camp de représailles de Lübeck, mon père, qui s'était évadé cinq fois, l'a mise dans sa bouche. La Gestapo l'a giflé et il s'est cassé deux dents. Je me suis dit : si on me reproche ma chevalière, il faut que j'en connaisse l'historique. Ensuite, ça m'a conduit à faire le Puy du Fou.

La Révolution française a beau avoir aboli la société d'ordres héritée du Moyen Âge, ceux-ci subsistent encore dans l'imaginaire.

« La barrière qui séparait la noblesse de France des autres classes »

« [...] la barrière qui séparait la noblesse de France des autres classes, quoique très facilement franchissable, était toujours fixe et visible, toujours reconnaissable à des signes éclatants et odieux à qui restait dehors. Une fois qu'on l'avait franchie, on était séparé de tous ceux du milieu desquels on venait de sortir par des privilèges qui leur étaient onéreux et humiliants. Le système des anoblissements, loin de diminuer la haine du roturier contre le gentilhomme, l'accroissait donc au contraire sans mesure ; elle s'aigrissait de toute l'envie que le nouveau noble inspirait à ses anciens égaux. »

Alexis de Tocqueville, *L'Ancien Régime et la Révolution.*

Les monuments de Paris

Cinquième visite : Laurence Bloch

Loin de l'univers du vicomte, la maison de la Radio incarne l'idée du progrès. On serait presque tenté d'ajouter le camp du Bien, à entendre les différentes chroniques qui se succèdent à l'antenne. Même de grands esprits s'y sont perdus. Ainsi, lors de l'inauguration, le ministre de la Culture lui-même, André Malraux, s'était-il égaré dans les interminables couloirs d'un service public qui a une longue histoire. Un visiteur, fin connaisseur des lieux, me l'apprend dans l'ascenseur que nous partageons.

En temps normal, la « maison ronde » est une ruche. Le télétravail covidien a disséminé les abeilles. Personne pour m'indiquer le bureau de la Reine. Elle a pris les devants et m'a trouvé errant dans un couloir[1]. Regard bleu rieur et inquiet, timbre de voix humble, cette femme supporte mal le sobriquet de « monument de Paris » dont j'ai affublé certains de mes hôtes dans ce livre. Elle ne se vit pas comme une autorité. Le monument, c'est ce qu'elle a bâti, pas elle. Entrée comme journaliste stagiaire à la maison ronde, elle a fait de France Inter, qu'elle dirige depuis 2014, la première radio de France.

1. Entretien avec l'auteur, 5 mai 2021.

– Cette radio a du succès car elle a une promesse éditoriale forte et donc une allure, un peu comme une maison de couture, dit-elle.

Une puissance intellectuelle, Inter. Les éditeurs se battent pour décrocher une invitation à la Matinale animée par Léa Salamé et Nicolas Demorand. Décrocher le « 7/9 » pour un de ses auteurs, c'est une place quasi assurée dans le classement des best-sellers, notamment dans la catégorie des essais et documents. Le label Inter est vendeur. Olivier Frébourg, le patron des éditions des Équateurs, dévoile ses dents du bonheur quand on évoque sa fructueuse collaboration avec la radio publique. Adaptés de feuilletons radiophoniques de l'été, ses ouvrages *Un été avec Montaigne* d'Antoine Compagnon ou encore *Un été avec Homère* de Sylvain Tesson ont rencontré de beaux succès.

Laurence Bloch considère avec amusement cette situation enviée de prescripteur culturel. Lorsqu'elle a été nommée directrice adjointe de France Culture au début des années 2000, deux conseillers de la radio, très introduits dans les cercles intellectuels parisiens, ont daubé sur elle.

– C'est la seule fois où j'ai ressenti du mépris à la fois social et intellectuel. Il émanait d'une petite société intellectuelle très satisfaite d'elle-même, qui subsiste encore à Paris d'ailleurs. Je n'étais pas de ce monde-là, dit-elle. Ce mépris m'a plutôt stimulé. Je connais ma place : celle d'une passeuse. Je ne me prends pas pour une artiste.

Dans sa famille, on a été boucher, marchand de tissus, plombier-couvreur... Laurence Bloch a poursuivi l'ascension sociale des siens.

– Il ne fallait pas que je les déçoive. Encore aujourd'hui, je me dois d'être à la hauteur de ce que les miens ont accompli. Je suis comptable de cette histoire familiale.

Elle est l'aînée d'une famille de trois enfants. Ce qui conduit à devenir adulte plus tôt. Son judaïsme a « longtemps été du domaine de l'indicible », a-t-elle confié à Marie-Laure Delorme[1]. Son grand-père a été caché par un prêtre dans le Forez. Son père s'est converti au catholicisme après la guerre : « Il n'a pas voulu élever ses enfants dans la peur du malheur. » Elle a fait Sciences Po Paris après une enfance sous le ciel du Nord. Elle a choisi la branche « Politique économique et sociale », plus « bohème » que les prestigieuses « Économie-Finances » et « Service public », fréquentées par des « jeunes gens qui se la jouaient, se prenant pour leurs parents », et dont elle se tenait à l'écart. Elle était logée chez sa tante, une « femme moderne » qui l'emmenait voir les films de Godard.

– J'ai très tôt intégré le fait qu'une femme était plutôt destinée à être adjointe que directrice, dit-elle. Mais je n'ai pas vraiment eu le sentiment d'être méprisée pour mon sexe.

Lorsqu'elle a décroché son premier stage à France Inter, les femmes occupaient des postes de secrétaire. Elle ignorait tout de la radio. Son premier reportage la conduit à une réunion de la JOC (Jeunesse ouvrière chrétienne). Sa première AG. Elle apprend. Toujours.

– La position d'élève me convient parfaitement bien.

Laurence Bloch est tout entière dans cette phrase. De sa radio, elle dit : « C'est une maison d'étude. »

– Nous sommes là pour faire œuvre de passeurs, comme Jacques Chancel, Pierre Bouteiller et José Artur en leur temps, pas pour donner des leçons.

C'est pourtant un reproche que l'on fait parfois à France Inter. La radio passe pour un porte-voix du gauchisme moralisateur.

1. *Le Point*, 5 avril 2021.

Cette radio publique a en réalité été « privatisée par une petite caste arrogante et bien pensante, estime une figure de la macronie venue de la droite, qui préfère garder l'anonymat. Quand j'y suis invité, je m'y sens en trop. »

Les humoristes de la radio en agacent plus d'un. « Quand j'entends des chroniqueurs, des humoristes et des rubriquards, notamment sur France Inter, tous les jours, se gausser de ceux qui disent que c'était mieux avant, j'ai déjà une première réponse à leur faire : c'était mieux avant eux », déclare Alain Finkielkraut. Pour sa part, Élisabeth Lévy dénonce les « sévices publics » de la radio, sa « consanguinité intellectuelle ». De quoi Inter est-elle le nom selon elle ? « Vous n'informez pas, vous endoctrinez. Vous n'éduquez pas, vous rééduquez », lance-t-elle à l'animatrice Sonia Devillers.

L'essayiste vise la matinale de la radio, animée par Léa Salamé et Nicolas Demorand. On y entend parfois de curieux invités. Ainsi Geoffroy de Lagasnerie. Le 30 septembre 2020, une demi-heure est consacrée à ce philosophe qui déclare : « Le respect de la loi n'est pas une catégorie pertinente pour moi. La question pertinente, c'est la justice et la pureté... ». Lagasnerie estime « qu'il faut reproduire un certain nombre de censures dans l'espace public pour rétablir un espace où les opinions justes prennent le pouvoir sur les opinions injustes ». Je remémore cet entretien à Laurence Bloch et je devine qu'elle n'a pas souhaité cette invitation. La réunion de programmation du lundi, avec la rédactrice en chef de l'information Catherine Nayl, Léa Salamé et Nicolas Demorand en a décidé autrement.

– Jusqu'où peut-on aller dans l'ouverture aux opinions extrêmes ? se demande-t-elle à haute voix.

Laurence Bloch surveille comme le lait sur le feu certains animateurs vedettes tentés de jouer les procureurs. Ali

Badou recevant l'essayiste québécois Mathieu Bock-Coté pour son pamphlet contre la *cancel culture* au printemps 2021 oubliait parfois qu'il était l'animateur de l'émission et jouait le rôle du débatteur. La directrice de la station en tête des sondages d'audience depuis des années peut-elle comprendre qu'un auditeur du centre ou de droite puisse se sentir exclu certains jours en écoutant Inter ?

– C'est vrai qu'il y a une petite musique progressiste à l'antenne, admet-elle, mais cela ne nous empêche pas de parler à tout le monde.

Elle écoute les critiques. Certaines l'inquiètent. Comme celles accusant la radio de complaisance avec les thèses islamo-gauchistes.

– Nous sommes passés du « expliquer n'est pas excuser » à « expliquer c'est excuser », se défend-elle. Ce qui autorise toutes les caricatures, délégitime tout débat, écarte l'idée même du pluralisme des opinions. Une dérive qui a valu à France Inter d'être taxée d'islamo-gauchiste dans un éditorial de Franz-Olivier Giesbert dans *Le Point*[1], ce qui m'a beaucoup affectée.

Le rendez-vous qui s'annonçait après moi ne risquait pas de l'exposer à de telles critiques : Patrick Boucheron, le très progressiste historien du Collège de France, attendait son tour.

---

1. « Saint patron de l'islamo-gauchisme, gourou des salles de rédaction et grand Tartuffe national, le multimillionnaire Edwy Plenel n'a rien de mieux à faire que de s'inquiéter de l'utilisation par l'extrême droite de la décapitation de Conflans. Au *Monde* ou à France Inter, ses épigones continuent de mettre en garde contre les "amalgames" et les "stigmatisations" », écrivait Franz-Olivier Giesbert, le 22 octobre 2020.

40

L'art d'avaler les couleuvres

– Vous connaissez Tony Yoka ?

– Le boxeur ?

– Oui.

Pourquoi Nicolas Sarkozy[1] me cite-t-il le nom du poids super-lourd français, le premier à avoir conquis le titre de champion du monde amateur dans sa catégorie en 2015 et un titre olympique l'année suivante ?

– J'ai lu une interview de lui. Selon lui, un grand boxeur, c'est un boxeur qui encaisse. J'ai très vite compris que les gens ne nous regardaient non pas dans le soleil (la victoire), car le soleil aveugle, mais dans l'échec.

Nicolas Sarkozy a distribué des coups, il en a beaucoup reçu aussi. Il a mordu la poussière à plusieurs reprises avant d'accéder à l'Élysée : la défaite d'Édouard Balladur en 1995, le fiasco de la liste qu'il conduisait aux européennes de 1989, pour ne citer que ses défaites politiques. Face à l'adversité, l'ambitieux a acquis une

1. Entretien avec l'auteur, 7 janvier 2021.

certaine sagesse, qu'il dispense désormais comme un coach.

A-t-il ressenti une fois l'humiliation ?

– Je ne me sens pas humilié. On est humilié quand on l'accepte. J'ai fait de la phrase de Mandela ma devise : « Je me perds jamais. Soit je gagne, soit j'apprends. » Il a expliqué ça après avoir passé dix-huit ans dans une cellule à Robben Island. Je prends tout comme une curiosité.

La référence à Mandela ne sera pas du goût de Jean-Marie Le Pen, le leader historique du Front national. Mon adolescence a été animée par son duel avec un autre personnage de ce livre, Bernard Tapie. Le Pen a pris des nouvelles de son meilleur ennemi après l'agression dont il a été victime au printemps 2021. Quelques mois plus tôt, j'étais allé rendre visite[1] au « menhir » dans sa maison de Rueil-Malmaison pour le faire parler du mépris.

Orphelin de père, Le Pen s'est retrouvé très jeune chef de famille.

– Lorsque je suis arrivé à Paris, me dit-il, j'avais une expérience d'homme que mes camarades de droite, de bons bourgeois parisiens, n'avaient pas. J'avais un certain prestige dû à ce qu'était déjà mon passé. Ma force physique en imposait. Je jouais au rugby. Je n'ai pas eu à subir le mépris social.

1. Entretien avec l'auteur, 5 novembre 2020.

Encaisser les coups, c'est justement un grand talent d'Anne Hidalgo :

– On n'avale pas les couleuvres, m'explique-t-elle[1]. Elles restent. Mais on essaie de comprendre : d'où ça vient ? On essaie d'être lucide.

Elle me raconte que, alors qu'elle était la première adjointe de Bertrand Delanoë, elle a failli jeter l'éponge, pour rester dans la métaphore pugiliste. Dans la nuit du 5 octobre 2002, le maire de Paris a été victime d'une attaque au couteau. Elle s'est ensuite retrouvée en première ligne. Une situation bien inconfortable, qui a perduré :

– Il y a eu un article sympathique sur moi dans *L'Obs*. Là, c'est le déchaînement dans ma famille politique sur le thème « Et pour qui elle se prend ? Elle va prendre la place ». Je sens le mépris. On attaque mon sexe et mes origines. Toutes les condescendances y passent. Alors, je me demande si je reste ou si je pars. Passer ma vie à me prendre ça dans la figure ! Je ne suis rien, je ne sers à rien, je suis un alibi… Je n'avais aucune surface, aucun contenu… Je l'ai dit à Delanoë. Là, j'ai vu que ça pouvait contrarier ses plans. Il avait besoin que je reste. Il m'a dit : « Ton destin est ici, je ne serai pas toujours maire de Paris, reste. » J'ai pris ma décision en 2005. Je suis restée. J'ai surmonté ça.

Faire le dos rond, comme les chats pour se protéger du danger. Ce fut aussi le réflexe de Xavier Bertrand.

1. Entretien avec l'auteur, 5 janvier 2021.

En 2002, il est pour la première fois élu député. Paris est une terre hostile où il ne se sent pas à sa place :

– Je vois très vite qu'il y a ceux qui ont les bonnes connexions à Paris, et les autres, se souvient-il[1]. Je suis un provincial et, pour les autres, je joue en deuxième division. C'est comme ça qu'il y avait un plafond de verre. Mais il y en avait un qui n'était pas comme les autres : Sarkozy. À une invitation des jeunes cadres du parti, j'ai pu m'asseoir à sa table. Quelles que soient vos origines, il vous écoutait. À la commission des finances, je prends ce qui reste. Et puis, lors du premier budget, un problème apparaît avec l'école nationale d'assurance. Jacques Barrot me dit : « Tu as été assureur. Dépatouille-moi ça. » J'ai rédigé un amendement, adopté à l'unanimité! Une fierté.

Ce que la vie ne vous donne pas à la naissance, vous devez le conquérir par l'obstination, le travail. Une porte se ferme ? Passez par la fenêtre, la cave, le toit... C'est valable en politique, mais pas seulement. En 2002, Élisabeth Moreno devient directrice des grands comptes du géant informatique Dell. Elle se heurte assez vite à un plafond de verre : ses collègues sont « archi-diplômés ». Les augmentations et les promotions lui passent sous le nez :

– À 35 ans, alors que j'étais maman, j'ai décidé de reprendre des études à l'Essec[2].

1. Entretien avec l'auteur, 22 décembre 2020.
2. Entretien avec l'auteur, 21 décembre 2020.

La ministre fait partie de ces êtres qui sont « tombés cinquante fois et relevés cinquante et une », selon son expression. Comme le galeriste Kamel Mennour. Durant des années, il a arpenté les allées de la Fiac dans l'espoir qu'un jour il compterait parmi les exposants. Il scrutait les stands dans le moindre détail : les cartels, les médiums, les formats... Un jour, il est sorti en larmes. Combien de temps allait-il devoir encore attendre pour obtenir sa place ? Sa femme l'accompagnait. Ils ont regagné à pied leur appartement de la porte de Vanves. Il n'osait pas marcher à côté d'elle tellement il avait honte de lui. Avec le recul, il théorise bien les vertus de l'échec[1] :

– Tu bosses, tu rates, tu bosses à nouveau. Et, comme disait Beckett, tu rates mieux. Je l'ai répété plein de fois à mon fils, qui était nul à l'école mais a fini par obtenir son bac avec mention : « Rate mieux ! » Je n'ai jamais cessé d'essayer. Il y a une autre formule que je répète à mes enfants : « Ce n'est pas grave. » Je relativise les choses.

Relativiser les choses, c'est aussi le parti-pris du sociologue Gérald Bronner, notre meilleur spécialiste des croyances :

– Je tourne en dérision le mépris. Si quelqu'un me fait une remarque sur la manière dont je tiens mes couverts, je le regarde d'un air incrédule[2].

1. Entretien avec l'auteur, 26 novembre 2020.
2. Entretien avec l'auteur, 11 décembre 2020.

Bernard Tapie prend moins de pincettes :

– Ce qui m'a permis de continuer à exister, c'est que je me moque de l'avis de ceux que je n'aime pas[1].

« Ce que l'on te reproche, cultive-le, c'est toi », disait Jean Cocteau. Et si c'était ça, la vraie sagesse ?

Comment devenir « antifragile »

Depuis quelques années, un livre ne quitte ni mon cartable ni ma table de chevet : *Antifragile* de Nassim Nicholas Taleb (Les Belles Lettres, 2013). Cet ancien trader et écrivain à la joyeuse érudition s'intéresse à la manière dont les différents systèmes font face au désordre et à l'incertitude. Il présente l'« antifragilité » comme la faculté à non seulement « tirer profit du chaos mais à en avoir besoin pour devenir meilleur ». À l'image de l'Hydre de Lerne antique. Selon Taleb, « nous n'en sommes pas arrivés où nous en sommes aujourd'hui grâce aux décideurs, mais grâce au goût du risque et de l'erreur d'une certaine classe de personnes qu'il nous faut encourager, protéger et respecter ». Ce sont les entrepreneurs, les bricoleurs, les ingénieurs, les artisans, les restaurateurs, les chauffeurs de taxi… Autant de personnes qui jouent leur peau professionnelle dans chacune de leurs décisions.

1. Entretien avec l'auteur, 25 novembre 2020.

41

« Tu sais que ton père était avec le petit pompiste avant »

« Tu vas apprendre à dire bonjour : la chose la plus importante dans la vie. Si tu dis bien bonjour, t'as fait plus de la moitié du chemin. »

C'est une de mes scènes préférées au cinéma. Dans *Itinéraire d'un enfant gâté*, de Claude Lelouch, Jean-Paul Belmondo apprend à Richard Anconina les codes de la réussite. Patron d'un grand groupe, il s'est lassé et a fait croire à sa disparition en mer. Albert Duvivier, dit « Al », un de ses employés, l'a reconnu en Afrique. Belmondo (Sam Lion) décide de faire de lui sa marionnette. Il se donne six mois pour le transformer en roi du business. Les leçons particulières se tiennent dans le bureau de la station-service que tiennent les parents de son pupille. Cela donne cet échange savoureux.

Après lui avoir déconseillé de porter un costume à rayures avec une chemise à rayures, le maître tente de corriger un défaut chez son élève : il a tout le temps l'air d'être étonné :

– Étant donné que tu vas être confronté à pas mal de choses que tu ne connais pas, tu vas faire semblant de les connaître. Et le meilleur moyen de faire croire que tu connais tout, c'est de ne jamais avoir l'air étonné.

Al s'en étonne. Sam lui propose un test : il ne devra jamais paraître surpris.

Sam se lance :

– Tu sais que ton père était avec le petit pompiste avant ?

Anconina ouvre de grands yeux, bien sûr !

Tout le monde n'a pas eu la chance d'avoir un mentor pour vous apprendre l'art de se comporter. Ou même d'avoir vu le film de Claude Lelouch. Belmondo a raison : bien dire bonjour, c'est déjà faire plus de la moitié du chemin. Je me souviens de m'y être exercé des soirées entières devant la glace de la salle de bains familiale tandis que mes parents regardaient le film du soir.

Le premier jour de mon premier stage au *Figaro*, je m'entends encore me faire cette promesse avant de pousser la porte du journal : n'aie jamais l'air étonné.

Ceux qui n'ont pas les codes entrent dans le monde comme des éléphants dans un magasin de porcelaine. Pour ne pas tout casser, il faut observer les manières de se comporter des experts qui se meuvent avec aisance entre les tasses et les soucoupes. Durant un an, j'ai espionné mon ami Antoine. Dès qu'il m'ouvrait la porte de service de l'appartement de ses parents, la leçon commençait. J'épiais chacun de ses gestes, mémorisais chacun de ses mots. Quand je remontais dans ma chambre de bonne, trois étages au-dessus, je l'imitais pour m'imprégner de ses manières. Je plaçais ma chaise de bureau devant la glace de la penderie et je croisais les jambes comme lui. Je répétais distinctement, en articulant bien, ses phrases fétiches : « Je vous en prie », « N'est-ce pas », « C'est entendu », « C'est sympa », « Voulez-vous... ».

On se sent gauche quand tous ces gestes et ces mots nous font défaut. Certes, on les capte vite. Mais c'est l'assimilation qui pose parfois problème. Dans son bureau de garde des Sceaux, Éric Dupond-Moretti, aminci dans son élégant costume gris, me raconte la première fois qu'il a pris l'avion[1]. Il avait 23 ans. Il vient de remporter le prix d'éloquence du barreau de Lille. Il doit accompagner son bâtonnier à Marseille. Rendez-vous à l'aéroport de Lille :

– Dès que je l'ai rejoint, je regarde tous ses faits et gestes, je ne veux pas faire une connerie. J'ai peur qu'on m'observe. Il sort sa carte d'identité, je sors ma carte d'identité. On s'installe dans l'avion : il sort ses lunettes de soleil, il les chausse, et moi, je suis convaincu qu'il faut porter des lunettes de soleil dans un avion. Et là je lui dis : « J'ai oublié mes lunettes ! » Un million de miles plus tard, ça me fait rire.

---

1. Entretien avec l'auteur, 7 janvier 2021.

42

Petit manuel de survie à l'usage des goujats et des malpolis

J'ai une amie que je consulte dès que je crains de commettre un impair. Elle s'appelle Laurence Caracalla. Journaliste et écrivain, je l'ai rencontrée lors d'un stage que j'ai effectué dans une maison d'édition à Paris, La Table Ronde. Je l'aidais à mettre sous pli les livres qui étaient adressés en service de presse aux journalistes. Je ne connaissais pas les mœurs parisiennes à l'époque. J'étais comme un lapin dans les phares. Elle m'a pris sous son aile. J'étais en confiance avec elle. Un jour, à la fin d'une matinée où nous avions bien travaillé, elle m'a proposé de déjeuner. Nous nous sommes rendus à la terrasse d'un petit café proche du jardin du Luxembourg, le Petit Suisse. Le garçon a pris notre commande. Je m'entends encore prononcer la phrase suivante :

– Je vais prendre un steak-frites. Par contre, je ne veux pas de salade.

Laurence a attendu que le garçon soit parti pour me glisser gentiment :

– On ne dit pas « par contre » mais « en revanche ».

Depuis ce jour-là, quand j'ai le moindre doute sur les bonnes manières à adopter, je l'appelle. Elle a depuis publié plusieurs livres sur le sujet, dont *Le Savoir-Vivre pour les nuls*[1].

Durant les fêtes de Noël, je lui envoie un SMS :

– Ma chère Lolo, j'espère que tu passes de belles fêtes. Je suis en train d'écrire un livre sur le mépris. Je m'intéresse aux personnalités qui n'étaient pas programmées pour ce qu'elles sont devenues. J'aimerais que mon livre ait une dimension pratique. Qu'il soit utile à celles et ceux qui veulent s'extraire de leur milieu et ne pas être broyés par « le système ». Par exemple, j'aimerais qu'ils sachent les fautes de goût à ne pas commettre, les marques de respect qui sont appréciées. Et puis, tu t'en doutes, les expressions à bannir comme « par contre »... Tu te souviens ?!

Aussi sec, elle me répond :

– Tu sais bien que je t'aiderai !! J'adore faire mon institutrice.

Voici ses bons conseils.

LES EXPRESSIONS À BANNIR DE SON VOCABULAIRE

– Bon appétit
– À vos souhaits
– Santé !
– Un espèce de
– Sur Paris
– Je m'excuse

1. Éditions Pour les Nuls, 2011.

– Manger (préférer : « déjeuner » ou « dîner »)
– Des fois
– Ce midi
– Au jour d'aujourd'hui
– Malgré que
– Du coup

LES FAUTES DE GOÛT IMPARDONNABLES
– Parler de politique ou de religion à un(e) inconnu(e)
– Offrir un parfum à une personne qu'on ne connaît pas
– Les cheveux gras
– Le vernis à ongles écaillé
– Ne pas avoir des pieds impeccables quand on porte des sandales
– Porter des chaussettes blanches, à fleurs où à dessins avec un costume.
– Les chaussures marron avec un costume bleu marine
– Arborer une cravate de la même couleur que son costume (comme jadis Manuel Valls)
– La chevalière avec ses initiales (plutôt qu'avec les armes de sa famille)
– La bretelle de soutien-gorge qui dépasse
– Poser ses couverts en équilibre de part et d'autre de son assiette entre deux bouchées
– Couper sa salade avec un couteau
– Faire le baisemain à l'extérieur
– Arriver en retard
– Ne pas répondre aux invitations

– Regarder son portable pendant un entretien
– Tutoyer dès la première rencontre
– Boire trop
– Interrompre une conversation
– Ne pas regarder dans les yeux son interlocuteur

LES MARQUES DE RESPECT LES PLUS APPRÉCIÉES

– Remercier obligatoirement après une invitation (même pour un petit déjeuner)

– Envoyer des fleurs à la maîtresse de maison de préférence l'après-midi avant le dîner (à la rigueur, le lendemain ; jamais le soir même)

– On passe toujours devant une femme : pour entrer dans un restaurant (pour vérifier qu'on ne l'a pas invitée dans un bouge) ; pour monter l'escalier (afin de ne pas être tenté de regarder ses jambes, voire plus…) ; pour descendre l'escalier (au cas où elle tomberait). On lui laisse toujours le bon côté de la rue (près du mur, afin qu'elle ne soit pas éclaboussée).

– Au restaurant, l'homme installe la femme dos au mur afin qu'elle puisse regarder la salle.

– Dans le cadre des présentations, la personne la plus importante (la plus âgée ou une femme) doit recevoir l'information en premier : par exemple, « Grand-père, je te présente mon petit ami. »

– Toujours attendre qu'une femme tende sa main avant de la lui serrer sans pression.

– Se lever quand une femme entre dans une pièce.

43

Le mépris vu de gauche

– J'aimerais être de gauche, me répète Fabrice Luchini[1], mais cela demande une excellence morale que je ne crois pas avoir. C'est comme être chrétien.

Quelques mois plus tôt, un scandale a éclaboussé le cœur de la gauche française. Dans un livre, *La Familia grande*, l'avocate Camille Kouchner, fille de Bernard Kouchner, accuse le constitutionnaliste Olivier Duhamel, son beau-père, d'avoir commis un inceste sur son frère cadet lorsque celui-ci avait 13 ans. *La Familia grande* ne porte pas seulement sur la place publique un sujet tabou. Il jette une lumière crue sur un certain milieu : la gauche caviar.

Selon Laurent Joffrin (*Histoire de la gauche caviar*[2]), c'est Jacques Soustelle qui employa le premier cette expression pour dénigrer le Manifeste des 121 personnalités opposées à l'usage de la torture. Gaulliste venu de la gauche, partisan de l'Algérie française, cet ethnologue raillait une certaine gauche, bourgeoise et libérale, convaincue de sa supériorité intellectuelle et morale.

1. Entretien avec l'auteur, 25 mai 2021.
2. Éditions Points, 2007.

Les Britanniques ont aussi la leur, dont les membres sont surnommés « *champagne socialists* ». Ainsi que les Allemands avec la « *Toskana-Fraktion*[1] ». Les articles qui paraissent sur l'affaire Duhamel pointent tous une forme de mépris chez les figures de proue de cette gauche a-populaire et arrogante : Olivier Duhamel, le premier, mais aussi Évelyne et Marie-France Pisier, Bernard Kouchner, Laurent Fabius, Serge July... Condescendance autant sociale qu'intellectuelle.

Deux semaines avant que paraisse le livre de Camille Kouchner, Éric Dupond-Moretti, à qui je demande de me citer quelques producteurs de mépris en France, désigne spontanément « cette gauche caviar qui n'a jamais serré la main d'un prolo ». Il me dit[2] :

– Je n'ai rien contre les gens de gauche, c'est plutôt ma sensibilité. Mais ces gens-là me font hurler. J'en ai rencontré quelques spécimens depuis que je suis ministre.

La gauche de droit divin constituerait-elle l'épicentre du mépris dans notre pays ?

– Le mépris de gauche est le pire des mépris, car il se prévaut de la morale, assure Manuel Valls[3].

Dans l'imagerie d'Épinal qu'elle renvoie à elle-même, la gauche ne peut pas être méprisante car elle représente

1. *Le Point*, 23 janvier 2021.
2. Entretien avec l'auteur, 7 janvier 2021.
3. Entretien avec l'auteur, 13 janvier 2021.

le peuple. Alors que la droite l'est forcément puisqu'elle est censée incarner les classes dominantes !

Aux yeux de l'ancien Premier ministre, un homme incarne le mépris de gauche : l'ancien ministre de l'Intérieur comme lui : Pierre Joxe. On connaît l'argument que ce dernier employa pour défendre Pierre Bérégovoy, mis en cause dans une affaire de prêt immobilier, qui se suicida le 1er mai 1993 : « Vous avez vu ses chaussettes ? » Joxe est issu d'une grande famille protestante et est le fils d'un ministre du Général. Bérégovoy, fils d'ouvrier-métallurgiste, a obtenu un CAP d'ajusteur. Il y a deux niveaux de lecture dans la terrible phrase de Joxe. La première : il porte des chaussettes si bon marché qu'il ne peut s'être enrichi, même illégalement. La seconde : il n'a vraiment aucun goût.

Manuel Valls rapporte une autre anecdote au sujet de Pierre Joxe. En 1992, il est conseiller régional d'Île-de-France. On doit procéder à l'élection du président de l'exécutif. Michel Rocard lui donne une consigne de vote : pas question de voter pour Pierre Joxe. Rocard considère que ce dernier a été « effrayant, déloyal » avec lui lorsqu'il occupait la place Beauvau. Rocard lui préfère un professeur breton, élu en Seine-et-Marne.

– Joxe m'a convoqué, raconte Valls. Il m'a dit : « Tu ne peux pas voter pour ce type, c'est un con. Et puis on se connaît, toi et moi. » C'était vrai. J'avais passé quelques Noëls avec lui et ses enfants chez le grand photographe William Klein, qui était un ami intime de mon père. Joxe m'a pris par les sentiments de classe ! Comme si on était du même milieu !

Fils d'un peintre catalan, Manuel Valls a grandi dans le Marais, à Paris, dans une maison-atelier où venaient dîner des intellectuels et des artistes : Vladimir Jankélévitch, Hugo Pratt, Alejo Carpentier. Pierre Joxe, lui, vit encore sur l'île Saint-Louis. Mais il y a plus que la Seine qui les sépare...

Jean-Pierre Jouyet connaît bien la gauche et la droite pour avoir été ministre de Nicolas Sarkozy et secrétaire général de l'Élysée sous François Hollande, son ami, dont des photos trônent dans le salon de son appartement de l'Ouest parisien :

– Il y a du mépris dans les élites de droite et dans les élites de gauche[1]. Mais ces mépris divergent. Le mépris de droite est plus poli, plus courtois : il apparaît moins. Le mépris de gauche est plus intellectuel. On vous fait sentir un peu plus les choses : vous êtes du clan ou vous n'en êtes pas. Les fabiusiens, par exemple, c'était une caste. Les strauss-kahniens aussi. Des gens comme Matthieu Pigasse, il ne fallait pas leur casser les pieds...

Au sein d'un même courant, le mépris suinte aussi, comme en témoigne toujours Manuel Valls. En 1980, il rencontre à la fac Alain Bauer et Stéphane Fouks. Le premier aspire à prendre la tête du Grand Orient de France et le second veut devenir communicant. Ils

1. Entretien avec l'auteur, 25 novembre 2020.

militent chez les jeunes rocardiens. Valls préside les clubs Forum pour fédérer les jeunes militants. Michèle Rocard, l'épouse de l'ancien Premier ministre, parraine alors à Sciences Po un autre club de jeunes rocardiens, baptisé Opinions, dont l'animateur est Jean-Noël Tronc, actuel directeur de la Sacem.

– Un jour, me raconte Manuel Valls[1], nous rencontrons deux membres de ce club, qui nous expliquent : « Nous allons faire une belle alliance. Nous serons la tête et vous, les jambes. Nous définirons la stratégie et vous collerez les affiches ! »

Ces deux ex-rocardiens, qui sourient à l'évocation de ce dialogue qu'ils jugent un peu romancé, s'appellent Bernard Spitz[2] et Alexandre Wickham[3].

– J'ai vécu aussi le mépris dans ma famille politique, confie Anne Hidalgo, elle aussi interrogée sur ce thème[4]. Du mépris social mélangé au mépris intellectuel. Même si j'ai établi assez vite des relations avec des personnalités comme Laurent Fabius, qui vient d'un tout autre milieu que moi.

Elle semble confirmer la thèse de Jean-Pierre Jouyet sur le mépris de gauche. En l'occurrence, la gauche de *L'Obs*, le magazine qui publie sur elle un article dont elle se souvient encore :

1. Entretien avec l'auteur, 13 janvier 2021.
2. Haut fonctionnaire et fondateur du *think tank* Les Gracques.
3. Directeur éditorial et éditeur chez Albin Michel de ce livre.
4. Entretien avec l'auteur, 5 janvier 2021.

– Début 2017, *L'Obs* m'a consacré sa couverture : « Qui veut la peau d'Anne Hidalgo ? ». Dans le portrait qui est brossé de moi, il y a un passage qui moque un peu mon niveau d'études. En lisant cela, je me suis dit : d'où sortent ces journalistes qui ne savent pas que, pour devenir inspecteur du travail, il faut un bac + 5 ? Qu'en outre, c'est un concours extrêmement difficile où j'ai été reçue cinquième sur vingt-cinq candidats de toute la France, un concours qui requiert un excellent niveau en droit et en économie et d'excellentes connaissances en sociologie du travail… Que cet article ait pu être écrit par des mecs incarnant soi-disant une certaine pensée de gauche, je n'en reviens pas !

Au chapitre du mépris en politique, madame la maire insiste pour faire figurer une autre humiliation dont elle se dit avoir été victime. Cette fois, le coup aurait été porté par la droite :

– Entre 2012 et 2014, au moment où je me préparais pour ma première élection comme maire de Paris, Nathalie Kosciusko-Morizet (candidate de la droite et du centre à l'élection municipale de 2014) a dit alors : « Cette élection, c'est le match de la star et de la concierge. » Sous-entendu, j'étais la fille de la concierge et elle était la star. Mon père était encore vivant. Je lui avais caché les propos de NKM. Un jour, *El País* a fait un article sur ma campagne et a ressorti ces propos. Mon père m'a dit : « C'est vrai que cette bonne femme a dit ça ? C'est quoi, cette bonne femme[1] ? »

J'ai tenté de retrouver dans quelles circonstances Nathalie Kosciusko-Morizet ou un de ses proches avait bien pu tenir de pareils propos. Je n'en ai trouvé nulle trace. L'intéressée, qui vit désormais à New York, n'a pas souhaité me répondre. Son entourage nie formellement qu'elle ait pu dire une phrase pareille.

– Anne Hidalgo fait son fonds de commerce de cette fausse citation. Citation qui varie d'un journaliste à l'autre. Parfois, le mot « concierge » est remplacé par « boniche », ironise une autre figure de la droite parisienne.

C'est ainsi que s'écrivent parfois les légendes…

1 Entretien avec l'auteur, 5 janvier 2021.

44

Le mépris vu de droite

– Lorsque je suis descendu de l'autobus 80 à l'arrêt Avenue-de-Matignon, venant de Montmartre, un autre monde s'est ouvert à moi : les riches, se souvient Fabrice Luchini[1]. Dans le salon de coiffure où j'ai été embauché, j'ai découvert une caricature de ce qu'on appelle la droite : une droite matérialiste, pas tellement intellectuelle, très campée sur ses positions et son arrogance de classe. Mais sa logique paternaliste l'empêche de mépriser le petit personnel dont je faisais partie.

Le comédien que je consulte ici comme politologue a bien cerné la droite, qui l'apprécie beaucoup.

– Quelques années plus tard, les dames que j'avais coiffées sont venues me voir jouer au théâtre. Elles étaient plus embarrassées que moi, s'amuse-t-il.

Alors, méprisante, la droite ? Ou pas ?

– La droite n'est pas persuadée d'avoir la vérité, elle défend ses intérêts ou les intérêts de la nation. La gauche est persuadée de détenir la vérité. Il y a un mépris de

1. Entretien avec l'auteur, 25 mai 2021.

classe et un mépris intellectuel plus fort à gauche. La pensée soixante-huitarde a conduit à beaucoup de dérives.

Le jour où je rencontre Nicolas Sarkozy[1], dans son bureau de la rue de Miromesnil, à Paris, paraît justement le livre de Camille Kouchner accusant le constitutionaliste Olivier Duhamel d'inceste. L'ancien président a lu les extraits parus dans la presse. Il bondit sur cette affaire pour illustrer son propos.

Pour comprendre les ressorts du mépris de droite, Sarkozy me paraît un témoin capital. De l'élection de Giscard à la défaite de Fillon en 2017, il a été aux premières loges des déchirements et des duels de la droite. Avant d'en devenir l'acteur principal.

En avril 1974, Jacques Chaban-Delmas tient meeting à Boulogne-Billancourt. Dans les travées, un jeune homme de 19 ans est debout, au premier rang, pour écouter le discours du candidat gaulliste à l'élection présidentielle. Ce militant s'appelle Nicolas Sarkozy. C'est son premier acte politique.

Pourquoi le jeune militant a-t-il choisi le gaullisme ? Il a contracté le virus avec son grand-père maternel, un des hommes qui ont le plus compté pour lui. Bénédict Mallah était un médecin juif qui refusa de porter l'étoile jaune et soigna les maquisards dans le Limousin. Il s'est beaucoup occupé de Nicolas et de ses frères après le divorce de leurs parents. Mais la proximité entre Nicolas et son grand-père n'explique qu'une partie de son

1. Entretien avec l'auteur, 7 janvier 2021.

engagement. L'autre raison est liée à notre sujet. Le jeune militant comprend très vite qu'il ne trouvera pas sa place dans certains mouvements politiques qu'il juge méprisants :

– Je ne voulais pas m'engager à gauche, explique-t-il, car c'était la pensée dominante à la fac. Et les jeunes giscardiens représentaient pour moi la classe sociale dominante. J'ai compris que ma place serait de rejoindre la famille politique bonapartiste. Le bonapartisme reconnaît la volonté avant la formation et les origines sociales. Je m'y suis senti bien.

Parmi les gaullistes, un homme le remarque : Charles Pasqua. Petit-fils de berger corse, fils de policier, engagé dans la Résistance à l'âge de 16 ans, ce tribun correspond parfaitement au portrait-robot que Sarkozy brosse du héros bonapartiste. Pasqua a sans doute été l'un des hommes politiques les plus méprisés, aussi bien à droite qu'à gauche. Pour les condescendants des deux rives, il n'était qu'un « représentant en pastis ». Son premier métier. Il finira numéro deux de la société Pernod.

Vingt ans plus tard, les deux ténors prennent part à un duel fratricide au sein de la droite : l'affrontement entre Jacques Chirac et Édouard Balladur au premier tour de l'élection présidentielle de 1995. Sarkozy et Pasqua ont choisi Balladur. Celui-ci incarne pourtant l'orléanisme jusqu'à la caricature. Son image alors est celle d'un grand bourgeois suffisant et onctueux. Je demande à Nicolas Sarkozy :

– En 1995, Balladur, c'était un peu les jeunes giscardiens de 1974, non ? La classe dominante ? Ce n'était plus un obstacle pour vous ?

Il me répond du tac au tac :

– Édouard Balladur a été le premier à voir que je n'étais pas seulement une « énergie ». Il m'a ouvert à d'autres façons de faire, un peu comme un professeur : approfondir les dossiers, connaître les relations internationales… Jacques Chirac voyait en moi quelqu'un qui avait une partie de ses qualités. Il se méfiait donc de moi. Aux yeux de Balladur, j'apparaissais comme une sorte d'extraterrestre. Nous étions complémentaires.

– L'homme Balladur n'était-il pas plus méprisant ? On a toujours vanté la chaleur humaine de Chirac, son souci des humbles…

– Jacques Chirac, c'était la proximité, la sympathie. Édouard valorisait le travail et la précision. Ce dernier ne correspond en rien aux clichés qui circulent sur lui : il vient de Turquie. Il est Balladurian. Il est beaucoup moins classique qu'on ne l'imagine. Au fond, il est plus original que ne l'était Chirac.

Il faut se souvenir en quels termes les protagonistes de la campagne de 1995 se désignaient : les chiraquiens avaient fait non seulement de Balladur un traître, mais ils l'avaient fustigé comme l'incarnation du mépris de classe. Argument dont ils avaient usé également contre Giscard.

Jacques Chirac martelait que l'ancien président de la République l'avait reçu, en juin 1976, au fort de Brégançon avec une morgue toute monarchique. Dans le premier tome de ses Mémoires, *Chaque pas doit être un but*[1], il raconte que Giscard s'était « fait servir à table le premier » et que son épouse et lui-même occupaient deux fauteuils tandis que les invités se contentaient de « simples chaises ». Le lendemain soir, VGE aurait convié à dîner avec eux son moniteur de ski, ainsi que son épouse. Chirac dit être rentré à Paris « choqué par un tel manque de respect. Et plus déterminé que jamais à reprendre [sa] liberté dès [qu'il] le pourrai[t] ». En effet, il démissionna quelques semaines plus tard de son poste de Premier ministre. Valéry Giscard d'Estaing a toujours nié cette version.

Dans leur documentaire *Giscard, de vous à moi*, diffusé sur France 3 le 3 avril 2017 et produit par Georges-Marc Benamou, Gabriel Le Bomin et Patrice Duhamel ont exhumé un film de famille tourné par l'un des fils de Giscard lors de la visite des Chirac en 1976. On constate que ce que Chirac a dit est faux. La disposition des convives à table était toute démocratique.

Après le duel Chirac-Balladur, ce fut au tour de Sarkozy-Juppé. L'ancien président ne mentionne pas son ancien rival mais c'est bien à lui qu'il fait allusion quand il dit :

– Au meeting de Chaban à Boulogne, en 1974, j'étais debout. Personne n'est venu me chercher pour me dire : « Tu veux une chaise ? » Les autres (sous-entendu, ceux qui sortaient des grandes écoles, comme Juppé), on ne

1. NIL, 2009.

leur proposait pas une chaise mais directement un fauteuil auprès du chef.

Je lui fais remarquer qu'Alain Juppé est le fils d'un exploitant agricole des Landes, lui-même issu d'une famille de cheminots.

– En France, il vaut mieux naître en province et avoir des racines terriennes. C'est un autre snobisme.

Lors de la primaire de la droite, en 2016, alors que Juppé caracolait en tête dans les sondages, ses adversaires, sarkozystes, fustigeaient la « morgue » des juppéistes, leur « arrogance ». C'était au tour de Juppé, après Giscard et Balladur, d'endosser le costume du grand méprisant. Un Fabius de droite ?

Nicolas Sarkozy joue auprès de la nouvelle génération le même rôle que Charles Pasqua. Gérald Darmanin, l'un de ses admirateurs, a lui aussi été attiré par la « culture populaire du RPR ».

– Le mépris est un trait de gauche, affirme-t-il[1]. À droite, les choses sont dites.

Parle-t-il d'expérience ?

– J'ai constaté que certaines personnes bien nées ou de gauche, cela va souvent de pair, vous reprochent vos goûts simples : les frites mangées avec les doigts, les matchs de foot, les karaokés, les animaux domestiques…

Il se souvient d'une prise de bec avec Martine Aubry au conseil régional du Nord-Pas-de-Calais :

---

1. Entretien avec l'auteur, 15 mars 2021.

– J'avais 25 ans et j'étais secrétaire de séance à côté d'elle. Elle m'a demandé : « Pourquoi êtes-vous de droite, si jeune ? »

Darmanin aurait pu lui répondre par cette phrase de l'écrivain Antoine Blondin, que je cite de mémoire : « Je n'ai pas été de gauche lorsque j'étais jeune de peur de finir comme un vieux con de droite ! »

45

« Se déplacer dans un milieu aquatique profond standardisé... »

Savez-vous ce que signifie « traverser l'eau en équilibre horizontal par immersion prolongée de la tête dans un milieu aquatique profond standardisé[1] » ? Tout simplement : nager dans une piscine !

« Créer de la vitesse » ? Courir.

« Produire un message à l'oral » ? Poser une question ou répondre à son professeur, voyons !

Mais qui peut bien s'exprimer ainsi ? me demanderez-vous. Le Conseil supérieur des programmes, instance placée sous l'autorité du ministre de l'Éducation nationale. Toutes ces formulations ésotériques sont extraites des programmes de collège tels qu'ils ont été rendus publics en avril 2015 avant leur présentation aux professeurs.

Devant le tollé provoqué par cette novlangue pédagogiste, la ministre de l'Éducation de l'époque, Najat Vallaud-Belkacem, a dû admettre que ces textes

1. *Libération*, 24 avril 2015.

devaient être rédigés « dans une langue que tout le monde peut comprendre[1] ».

Comme l'écrit David Goodhart dans son livre *La Tête, la Main et le Cœur*[2], « l'élite cognitive continue d'utiliser, consciemment ou inconsciemment, un jargon, un charabia d'entreprise et des euphémismes politiques, et de s'en servir comme d'un insigne qui la différencie de ceux qui sont moins instruits, parlent plus simplement et à qui son usage interdit l'accès à son monde ».

Bureaucrates, managers, universitaires, intellectuels, publicitaires : ils se sont tous donné le mot pour devenir inintelligibles. Autrement dit, inaccessibles. Ils apparaissent comme les producteurs d'une fracture sociale qu'ils sont censés réduire. La chasse aux expressions absconses est devenue un sport national. Il n'y a pas de saison pour la pratiquer, tant les ressources jargonneuses sont inépuisables. La prose administrative s'illustre particulièrement par sa fécondité[3] : « référentiel bondissant à la trajectoire aléatoire » pour désigner un ballon de rugby, « conceptualisation cognitive intuitive » à la place de « réponse », « besoin langagier » pour dire qu'une personne manque de vocabulaire…

Mais les entreprises ne sont pas en reste. Elles sont même en pointe.

La vie quotidienne de leurs salariés s'inscrit dans un

1. *Le Point*, 20 avril 2015.
2. Ouvrage cité.
3. *Le Figaro*, 2 février 2021.

« *process* »... optimisé, comme il se doit. Ils apprennent le « scrum », une méthode agile de gestion de projets qui a fait ses preuves dans l'informatique. Ils s'efforcent d'« updater » en permanence leurs connaissances. Ils « crossfertilisent » le mieux possible leurs équipes...

Ces termes alambiqués désignent pourtant des actions très simples qui pourraient être formulées aussi simplement : apprendre aux gens à travailler ensemble, changer de direction dans un projet, etc. Ce jargon exclut ceux qui ne le maîtrisent pas. Ceux qui le manient sont-ils pour autant méprisants ? Bien au contraire.

Ce langage est employé par des personnes dont le travail n'est pas jugé « noble », et considéré à tort comme une simple « fonction support ». Pour se distinguer dans l'entreprise, ils inventent leur propre langage. Celui-ci leur confère une forme de statut. Ils se sentent ainsi mieux respectés, à défaut d'être plus compris. Résultat : plus personne ne parle la même langue.

Il en va ainsi à l'échelle du pays. « Le langage des élites, en France, pénétré par une culture aristocratique, est volontiers méprisant, souligne Marcel Gauchet[1]. Il donne à la plupart de ceux qui l'écoutent l'impression de ne pas vivre dans le même monde que ceux qui leur parlent d'adaptation, de changements nécessaires, d'assouplissement des normes, etc. »

Le langage politique manie désormais l'euphémisme. On n'ose plus nommer le réel. Dans un savoureux

---

1. *Comprendre le malheur français*, Stock, 2016.

billet[1], le chroniqueur de France Culture Frédéric Says s'était amusé à recenser toutes les inventions langagières des responsables politiques : on n'« expulse » plus un migrant, on « l'éloigne » ; on ne dit plus « banlieue », mais « nos quartiers » ; on ne « réduit » pas les dépenses, on les « priorise » ; on ne conduit plus des « réformes », mais des « transformations » ; « nos territoires » est préféré à « la campagne » et « prélèvements » à « impôts », « demandeur d'emploi » à « chômeur », « fin de vie » à « mort », « non-voyant » à « aveugle ».

Si on ripoline ainsi les mots jusqu'à les vider de leur substance, c'est par peur d'offenser et de diviser. L'effet produit par ces euphémismes est pourtant contraire au but qu'ils poursuivent : ils tiennent à distance ceux à qui ils s'adressent.

Un fossé se creuse entre la langue officielle et la manière dont les Français se parlent entre eux. Le langage politique n'exprime plus leur ressenti et encore moins leur quotidien. Le langage direct et la franchise de l'expression deviennent rares. Il faut dire que l'on ne sort de l'euphémisme qu'à ses dépens. La pression est forte pour contraindre les personnages publics à domestiquer leur langage. Aux convenances sociales sont venus s'ajouter les nouveaux codes politiques et moraux de l'époque.

La franchise d'expression est devenue scandaleuse. Pourquoi les populistes auraient-ils le monopole du « parler vrai » ? Au ministère de la Justice, Éric Dupond-

1. 22 juin 2018.

Moretti[1] s'efforce de conserver le sien, même si sa parole de ministre est plus maîtrisée.

– Ma spécificité aux assises, me fait-il remarquer, c'est que je mettais de temps en temps un petit subjonctif pour montrer que je savais manier la langue, mais après je parlais avec beaucoup de familiarité, parfois même une petite grossièreté. Je voulais que les personnes dans la salle aient envie après l'audience d'aller prendre un Ricard avec moi. La souveraineté populaire, c'est mon monde initial. Je ne suis pas devenu un autre.

Bernard Tapie s'est longtemps exprimé ainsi en public. Mais ces derniers mois, lorsqu'il donnait à relire les propos qu'il avait tenus avant parution d'un entretien, il se cabrait.

– Je ne parle pas comme ça ! se plaignait-il.

Ce langage inimitable, gouailleur et direct était pourtant le sien.

Je l'ai reproduit tel quel dans ce livre.

Peu de personnalités interrogées au cours de cette enquête m'ont demandé de leur soumettre leurs propos avant parution. Bien sûr, certaines ont rodé leur discours sur leur itinéraire. Mais le sujet du mépris ne prête guère à l'esquive. On ne peut se contenter d'en parler avec la tête. C'est le cœur qui s'exprime tôt ou tard, le naturel qui revient au galop.

---

1. Entretien avec l'auteur, 7 janvier 2021.

46

Le crime de légèreté

À ce sujet, j'ai un critère tout personnel du génie : en hérite quiconque parvient à décrocher un éclat de rire de mes enfants. Louis de Funès est ce génie. Je n'ai plus besoin de regarder ses films : je les vois dans les yeux de ma fille et de mon fils. À l'expression de leur visage, je devine la scène à laquelle ils assistent.

À l'été 2020, je les entraîne avec moi à la Cinémathèque française pour visiter l'exposition qu'Alain Kruger consacre à l'acteur. Louis de Funès à la Cinémathèque ! Ce n'était pas gagné. Les cercles cinéphiliques dans ce pays traitent avec condescendance la comédie. Trop populaire ? En tout cas, elle les met mal à l'aise. Entre le déguisement de Rabbi Jacob et le panneau routier indiquant Saint-Tropez, Alain Kruger a déniché une pièce de choix : une lettre adressée par François Truffaut, la figure de proue de la Nouvelle Vague, à Gérard Oury, le réalisateur du *Corniaud*, en date du 4 octobre 1965.

Quelques jours plutôt, les deux hommes se sont croisés au restaurant Maxim's, à Paris. « J'ai pu vous paraître grossier [...] en restant muet devant vos compliments, écrit Truffaut, et il subsiste en moi un malaise à ce propos que je veux dissiper à présent. » Quel est donc ce malaise ?

« J'ai beaucoup aimé *Le Corniaud*, poursuit le prestigieux réalisateur des *Quatre Cents Coups*. En fait, intimidé par votre gentillesse à mon égard, il m'a semblé difficile de répondre à vos compliments par des compliments et ensuite il y a l'énorme succès de votre film qui en rend curieusement l'appréciation malaisée ; vous comprenez sûrement ce que je veux dire... »

Et que veut-il donc dire, Truffaut ? « Il y a dans tout succès absolu un anéantissement de la notion de critique [...] Il devient idiot (presque dérisoire) d'en dire du mal mais le bien que l'on en pense peut ne pas paraître sincère si on le dit [...] »

Vous avez suivi ? Truffaut finit par cracher sa Valda : « Bref, je n'ai pas osé vous dire : "Et moi, j'ai trouvé très bien *Le Corniaud*", de crainte que vous ne pensiez : "Il se croit obligé, etc." »

Elle est touchante, la lettre de Truffaut, et si entortillée. Elle dit bien l'embarras que suscite le succès chez les arbitres des élégances artistiques. Ils se pincent le nez plutôt que de rire. On observe la même attitude dans la chanson et le spectacle.

À leurs yeux, la comédie, c'est le cirque. La légèreté a mauvaise presse. On lui a mis sur le dos la défaite de 1940. Le relâchement, ce n'est pas bon. On ne badine plus avec l'humour. Avec Sacha Guitry s'est éteint ce véritable esprit français, critique, mordant, libre. Le

Nouveau Roman et le structuralisme ont relégué la fantaisie à la Marcel Aymé dans l'enfer des bibliothèques. Dans cette lignée, l'opérette a longtemps été ostracisée.

Depuis qu'Henri Bergson s'en est emparé, le rire a acquis ses titres de noblesse. L'art se doit d'être sérieux. La comédie est étiquetée « divertissement ». Elle a rarement droit de cité dans les prix littéraires et les grandes compétitions cinématographiques.

Les gendarmes ne sont plus à Saint-Tropez, mais dans les jurys ! Au Festival de Cannes, que j'ai suivi quelques années, on ne rigole pas. C'est le règne des pisse-froid. Le beau, c'est le triste. Si vous êtes surpris en train de rire au palais des Festivals, on appelle le vigile.

Aux César, la mine contrite est de rigueur. Les palmarès compassionnels se succèdent. Les organisateurs avaient trouvé un strapontin pour les comédies : un César du public pour le film ayant engrangé le plus d'entrées en salles. L'idée a fait long feu.

Pour la première fois de l'histoire des César, la troupe du Splendid (Christian Clavier, Thierry Lhermitte, Josiane Balasko, Gérard Jugnot, Marie-Anne Chazel) a été primée : elle s'est vue remettre un… César d'anniversaire. Christian Clavier[1] n'y voit pas du mépris mais de la jalousie. Il cite Alfred Hitchcock : « Je lis les critiques en allant chez mon banquier. »

Dans la « grande famille du cinéma », les Bronzés font banquette et le père Noël est bien une ordure. En recevant leur lot de consolation, les comédiens qui ont

1. Entretien avec l'auteur, 29 avril 2021.

fait rire toute la France auraient pu dire aux maîtres de cérémonie : « Vous êtes myopes des yeux, myopes du cœur et myopes du cul. » Dans son livre, *Comédie française* (Flammarion, 2016), Fabrice Luchini se souvient de Jean-Pierre Marielle lui expliquant que dans le monde de la culture, il y a ceux qui ont la carte et ceux qui ne l'ont pas.

– Il existe toujours, dans le monde dit culturel, un terrorisme de ceux qui distribuent les bons et les mauvais points, m'explique-t-il. Mais ce n'est pas du mépris.

C'est peut-être pire.

47

Vive les génies des pâturages !

« C'est aussi le résultat de quinze ans de best-sellers. À la différence des nouveaux philosophes, Onfray est un marginal populiste, peu diplômé, habité par la haine des élites et de l'école républicaine [...] Il cultive l'affect et l'aigreur, parle sans cesse de lui-même, de ses origines, de son enfance malheureuse, etc. »

C'est en ces termes choisis que l'historienne et psychanalyste Élisabeth Roudinesco commente, le 22 octobre 2013 dans Mediapart, la sortie du livre de Michel Onfray sur Freud, *Le Crépuscule d'une idole*[1]. Selon elle, le philosophe incarne, à l'instar de Nicolas Sarkozy, une « figure du populisme anti-intellectualiste ».

« Peu diplômé », « best-sellers »... Dans la vie intellectuelle, ces deux formules valent excommunication majeure. Elles sont les mots d'une caste méprisante qui règne à Saint-Germain-des-Prés depuis... la Libération. N'aurait-il pas suffi à l'éminente critique de démonter

1. Grasset, 2010.

la thèse d'Onfray sur Freud avec des arguments plutôt qu'avec des jugements aussi sommaires ?

– Je me suis attaqué à une vache sacrée de la gauche : le freudisme et la psychanalyse, se réjouit le philosophe[1]. Tout le beau monde s'est ligué contre moi : Élisabeth Roudinesco, France Inter, France Culture…

Avec la parution de ce livre, le ton change à l'égard d'Onfray :

– Jusque-là je n'avais pas ressenti de mépris de la part des universitaires. Je n'étais pas une menace pour eux. Ils me considéraient comme un amuseur. J'étais le « philosophe hédoniste » à qui les magazines féminins commandaient des articles sur le bronzage l'été venu. Dès lors, on s'est mis à me présenter comme un type laborieux, qui ne travaillait pas.

J'ai écrit un article particulièrement méprisant. C'était au début des années 2000, dans *Le Figaro Magazine*. L'objet de mon mépris était justement Onfray. « Le génie des pâturages » : ainsi fut titré mon portrait du philosophe.

J'avais assisté à l'un de ses cours de l'université populaire de Caen. J'ai réalisé le pire des reportages : j'étais simplement allé en Normandie pour conforter mes *a priori*.

Mon article, basé sur des impressions superficielles, suintait la condescendance d'un pédant parisien que je n'étais pas. J'y colportais les malveillances sur le

1. Entretien avec l'auteur, 12 novembre 2020.

philosophe qui circulaient à Saint-Germain-des-Prés. À Caen, j'avais vu des gens modestes écouter cet orateur passionné leur parler d'épicurisme et de Nietzsche : des secrétaires qui avaient fait garder leurs enfants par leur sœur, des paysans qui avaient mis entre parenthèses leurs travaux à la ferme.

J'aurais bien aimé qu'un Onfray dispense son savoir dans le Bourbonnais pauvre de mes grands-parents maternels, où je passais les grandes vacances de mon enfance.

Voir cet article imprimé m'a mortifié. Je ne m'y reconnaissais pas. J'avais voulu aller dans le sens du vent. En réalité, je méprisais ce que je ne connaissais pas : la philosophie. Depuis, j'ai lu Onfray. Un crayon à papier à la main, comme j'aime à le faire. Franz-Olivier Giesbert, qui l'a fait connaître dans *Le Point*, me l'a présenté. Ses embardées politiques me captivent moins que ses considérations sur le cosmos, les Romains et le ventre des philosophes. Il gagnerait parfois à suspendre son jugement, comme le professait le philosophe grec Pyrrhon. Mais, s'il est excessif, il ne triche pas. Il est resté fidèle à l'enfant qu'il a été. Un fils de pauvre, humilié.

Je relis aujourd'hui mon premier article sur lui. Un aspect me frappe : j'y reprends, sans la moindre distance, un reproche qui lui est fait par certains milieux académiques. Son travail ne serait pas rigoureusement universitaire. Donc, il ne faut pas le prendre au sérieux.

Que j'aie pu véhiculer ce préjugé, moi qui ne peux

me prévaloir d'aucun titre scientifique, me stupéfie. On peut contester les thèses de Michel Onfray, mais on ne peut pas nier qu'elles sont étayées par des recherches approfondies. Il a écrit une contre-histoire de la philosophie en treize volumes, dans laquelle il aborde une quarantaine d'auteurs : nul n'a relevé de sottises dans ce travail fleuve. Il a aussi donné un cours sur Montaigne qui a été diffusé sur France Culture. Les spécialistes n'ont rien trouvé à redire.

Mais voilà : Michel Onfray a échoué à l'agrégation.

– Comme tous les provinciaux, dit-il[1]. Les programmes sont décidés par des gens qui donnent des cours à Normale sup et font travailler leurs étudiants sur des sujets qui seront finalement des questions de cours le jour de l'agreg.

Il n'a, me confesse-t-il, « jamais eu le désir de devenir professeur de faculté ». Sa directrice de thèse le lui a pourtant proposé :

– Elle voulait que j'aille à Ottawa puis à Fribourg pour améliorer mon niveau de langue. Deux ans après, elle s'engageait à me trouver un poste à la fac de Caen. J'étais prof dans un lycée technique dans cette ville et j'ai demandé à ma compagne, Marie-Claude, si elle partirait avec moi à Ottawa. Elle m'a dit non. Je suis resté près d'elle. Elle voulait des enfants, je n'en voulais pas. C'était à mon tour de faire des efforts.

Cette agrégation manquée a-t-elle provoqué du ressentiment chez Onfray ? A-t-il une revanche à prendre

1. Entretien avec l'auteur, 12 novembre 2020.

sur le monde universitaire ? Il le conteste fermement. Mais ses détracteurs y voient sa faille et sa limite.

Je me suis replongé dans le dossier de presse du livre *Le Crépuscule d'une idole*. Les articles critiques reprochent moins à Michel Onfray sa thèse sur Freud que sa légitimité à s'emparer de cette « idole ».

L'homme a beau se dire indifférent à ces critiques, je sens qu'elles le blessent encore :

– Si tous ceux qui contestent la rigueur de mon travail avaient lu mon livre sur Freud, ils auraient vu qu'il comportait plein de notes, insiste-t-il. Certes, elles ne figuraient pas en bas de page…

Michel Onfray présente un autre défaut aux yeux de ce « tout petit monde », pour reprendre le titre du roman de l'écrivain David Lodge sur le milieu universitaire : il a du succès. Cela aggrave son cas. Que ses ouvrages soient lus par autant de lecteurs, c'est la preuve que son travail est superficiel. CQFD.

Le cas Onfray me paraît significatif de ce mépris français que je qualifierais volontiers de « syndrome de la note de bas de page ».

De manière générale, l'amateur éclairé est regardé avec suspicion par les arbitres des élégances intellectuelles. C'est le diplôme qui valide le savoir. Et l'ordre des « sachants » qui distingue le bon grain élitaire de l'ivraie populiste.

Le journaliste Jean-François Kahn ne détient qu'une licence d'histoire. Cela ne l'a pas empêché d'écrire des livres passionnants sur Victor Hugo, par exemple. En 1994, il publie *Tout change parce que rien ne change*[1], un passionnant essai sur l'évolution des sociétés humaines. Kahn élabore « une théorie sociale de substitution au socialisme et au libéralisme ». Le grand anthropologue et ethnologue Claude Lévi-Strauss lui écrit pour le féliciter.

Mais publiquement, tous les spécialistes se pincent le nez.

– J'étais dans le bureau de mon attachée de presse, se souvient « JFK »[2]. Elle discutait au téléphone avec un philosophe assez connu, certifié par l'université, pour lui demander s'il souhaiterait réagir à mon livre. Il a répondu : « C'est qui, Kahn ? Ça a un rapport avec le journaliste ? Vous ne voulez tout de même pas que je donne mon avis sur un livre écrit par ce monsieur ! »

Selon Jean-François Kahn, le mépris intellectuel français émane d'un « petit milieu » qui ne veut pas faire l'effort d'être compris.

– Ils écrivent pour leur milieu. À certains égards, le journal *Le Monde* est le journal de cette caste. Les tribunes d'universitaires et d'intellectuels qui y sont publiées ont l'air d'avoir été écrites pour ne pas être compréhensibles. Résultat : ceux pour qui on ne fait pas l'effort d'écrire font sécession. Quand j'étais jeune, on connaissait Alain ou Sartre. Même quand on n'avait pas de diplômes, on voyait à peu près qui c'était.

---

1. Fayard.
2. Entretien avec l'auteur, 8 février 2021.

Aujourd'hui, citez-moi un seul idéologue ou philosophe dont le peuple sache de qui il s'agit ! Si, Éric Zemmour ! Et Michel Onfray.

Méprisez, méprisez… Il en restera toujours quelque chose.

Quoi ? Peut-être le désir de s'approprier un territoire… et de le garder.

Les monuments de Paris

Sixième visite : Jean Tirole

J'ai passé mes grandes vacances d'enfant et d'adolescent dans un village de la Montagne bourbonnaise, près de Vichy. Mes parents me laissaient un mois en pension chez ma grand-mère, qui était veuve. Après le dîner, la vaisselle faite, nous nous asseyions sur le banc devant la maison. Parfois, nous étions conviés sur le pas de la porte d'autres villageois. Jusqu'à la nuit noire, nous commentions « les nouvelles » du journal de 20 heures, la météo, la moisson…

Au moment de décrocher mon téléphone pour composer le numéro de Jean Tirole, me revient une conversation tenue lors d'une de ces veillées. L'année de mon bac, j'étais « descendu » pour réviser les épreuves de juin. Paul Lacroix, un marchand de vin à la retraite, me demanda en quoi consistait le bac B que je m'apprêtais à passer. Je lui expliquai que la matière principale enseignée était l'économie. Il me fit cette remarque que je n'ai pas oubliée : « Si ton professeur avait compris quelque chose à l'économie, il serait riche ! »

Je n'ai pas eu le temps de parler de Paul Lacroix à Jean Tirole. Je ne sais pas comment notre prix Nobel d'économie aurait pris sa remarque. Chercheur à l'université de Toulouse, il a été récompensé en 2014 pour ses travaux sur « l'analyse de la puissance de marché et de la régulation ». Critiqué par les économistes « atterrés » ou « hétérodoxes », qui voient en lui un libéral orthodoxe, Tirole ne propose pas de Grand Soir. Sa démarche est avant tout pragmatique et scientifique. Son ouvrage *Économie du bien commun*[1] propose un panorama très éclairant des connaissances actuelles de la science économique et les réponses que celle-ci peut apporter à certains maux de notre temps, dont l'inégalité des chances, qui est éternelle mais revient en force avec l'avènement du nouvel âge numérique. Ce livre a fait parler de lui pour une des mesures qui y sont préconisées : le contrat unique de travail, plus flexible que le CDI.

Jean Tirole m'a fixé un rendez-vous téléphonique à 8 heures du matin[2]. Il accepte de me livrer son analyse, mais ne souhaite pas que je le cite. Il écrit déjà des livres et des tribunes, et ne veut pas disperser sa parole.

A-t-il été méprisé ? Le ton de sa réponse ne laisse planer aucun doute. Fils d'une mère professeure de lettres et d'un père médecin spécialiste, à Troyes, dans l'Aube, il se qualifie de « favorisé ». Un professeur de physique l'a orienté vers maths sup, la classe préparatoire aux grandes écoles scientifiques. Combien de Français modestes auraient aimé rencontrer l'un de ces éclaireurs ? Personne, dans leur entourage, ne leur a indiqué les bons escaliers pour passer à l'étage supérieur.

Nation égalitariste, la France est pourtant l'une de celles où l'inégalité des chances est la plus forte. C'est chez nous que le niveau social explique le plus le niveau

1. PUF, éd. augmentée, 2018.
2. Entretien avec l'auteur, 26 février 2021.

scolaire[1]. Pour ce qui est de la mobilité éducative, nous sommes avant-derniers sur 27 pays.

Dans *Économie du bien commun*, Jean Tirole décrit notre système éducatif comme « un gigantesque délit d'initié » (de la primaire à l'enseignement supérieur). « Seuls les élèves des milieux favorisés (ou leurs parents) ont une bonne perception des coûts et bénéfices de l'investissement scolaire, d'une part, et des filières qui permettent de tirer son épingle du jeu d'autre part. »

Reprenant à son compte l'analyse du sociologue Raymond Boudon[2], l'économiste estime que cette intégration précoce influe davantage sur les fortes inégalités que les capacités cognitives et culturelles. Le phénomène du plafond de verre, explique Tirole, n'est pas propre à la France. Mais il est renforcé par notre système éducatif inégalitaire. Selon lui, l'orientation scolaire souffre du « politiquement correct ». Il faut cesser de dire que « tout se vaut, il suffit de trouver sa voie ». Vouloir « former des citoyens », c'est bien, mais former à des métiers, c'est mieux. Au nom de normes sociales implicites, on a dévalorisé certaines filières techniques. Les parents préfèrent pour leur progéniture des diplômes plus ronflants.

Jean Tirole cite en exemple le modèle éducatif suisse. Celui-ci accorde une place centrale à l'apprentissage. Les jeunes Suisses apprennent très tôt un métier mais ils peuvent très bien, après leur vie d'apprenti, reprendre des études supérieures. Les jeunes Français sortant de leurs études sans qualification suffisante ont peu de chances de se rétablir par

1. Jean Tirole, « Éducation et ascenseur social », *Commentaire*, n° 168, hiver 2019-2020.

2. *L'Inégalité des chances*, Armand Colin, 1973.

la suite car notre système de formation professionnelle ne le leur permet pas.

La loi « Avenir professionnel », adoptée au début du quinquennat d'Emmanuel Macron, a permis de simplifier l'apprentissage et la formation professionnelle. Mais le chantier reste gigantesque. La France a un problème de « compétences », souligne mon interlocuteur. Il plaide pour une plus grande décentralisation de la formation continue, à l'instar de ce qui se pratique en Allemagne.

Le XXIe siècle, on le dit souvent, sera celui de la connaissance. « Une bonne partie de la valeur ajoutée » se trouvera là, insiste Jean Tirole dans son essai paru dans la revue *Commentaire*. Or l'enseignement supérieur et la recherche ne sont pas assez adaptés à ce défi, selon lui : gouvernance archaïque, manque de concurrence, absence d'évaluation indépendante… Là aussi, Jean Tirole veut en finir avec le « politiquement correct » : selon lui, l'absence de sélection accroît encore l'inégalité. « Il faudrait avoir le courage de reconnaître que tous les établissements ne se valent pas et que tous les étudiants n'ont pas la même préparation et motivation, écrit-il. Il faudrait instaurer la sélection et construire de nombreuses passerelles pour que les étudiants motivés ne soient pas enfermés une fois pour toutes dans une filière en dessous de leurs talents ou aspirations. »

La science économique, sous la plume lucide de ce Prix Nobel, ouvre des portes et des perspectives. Elle brise la glace du déterminisme.

48

Tous les sociologues ne sont pas marxistes !

Gérald Bronner n'est pas marxiste. Si l'on applique les théories de Pierre Bourdieu, il aurait dû l'être. Il a grandi dans un HLM de la banlieue de Nancy. Sa mère était femme de ménage. Son père est parti lorsqu'il avait 5 ans. Il n'y avait pas de culture chez lui.

– J'ai pris conscience assez tard que j'étais pauvre, me confie-t-il[1].

Gérald Bronner est aujourd'hui l'un des sociologues les plus réputés. Ses travaux sur la crédulité de notre époque, le relativisme des idées et le « précautionnisme » permettent de garder la tête froide et de résister aux passions tristes.

Non seulement l'auteur d'*Apocalypse cognitive*[2] défie les lois du déterminisme « bourdivin », mais il ne se plie pas aux dogmes de sa discipline, la sociologie. La plupart des sciences humaines en France sont des chasses gardées idéologiques. Pour y faire carrière, il faut faire allégeance et souscrire à un schéma de pensée.

1. Entretien avec l'auteur, 11 décembre 2020.
2. PUF, 2021.

La sociologie demeure encore pour une bonne part le royaume de Pierre Bourdieu. Toute critique de ses thèses sur l'origine des inégalités s'attire des regards courroucés à l'antenne de France Culture ou sur les bancs de l'EHESS.

Le principal contradicteur de Bourdieu, Raymond Boudon, fut snobé dans certains milieux universitaires et médiatiques. Son étude sur l'inégalité des chances démontrait que les choix individuels jouaient un rôle plus important que l'origine sociale.

Gérald Bronner est plus Boudon que Bourdieu. Cela lui a fermé de nombreuses portes. Il s'est déployé en marge des cénacles « légitimes », « pétris de ressentiment » selon lui :

– Sous prétexte qu'ils tiennent des positions à l'université, certains se croient admirables. Il n'y a pas plus élitiste et plus méprisant qu'un gauchiste de l'université. Toute forme de réussite qui ne passe pas sous leurs fourches caudines les blesse. Ils haïssent le succès. On reconnaît leur mépris à certains mots qu'ils emploient : « best-seller », « médiatique »... C'est pourquoi je m'en tiens plutôt à l'écart.

Le mépris de certains à l'égard de Gérald Bronner est palpable. Je l'ai senti à plusieurs reprises dans la bouche et sous la plume de ses détracteurs. Les journalistes du *Monde* Stéphane Foucart et Stéphane Horel, ainsi que le sociologue Sylvain Laurens, en fournissent un bel exemple dans leur livre *Les Gardiens de la rai-*

son[1]. Gérald Bronner y est rangé parmi les « gardiens autoproclamés de la science », idiots utiles des lobbys agroalimentaires, pharmaceutiques et énergétiques. Arrêtons-nous deux secondes sur cet adjectif « autoproclamé » : la marque d'un mépris intellectuel assumé et revendiqué. Le *Larousse* le définit ainsi : « proclamé de sa propre autorité ». En tout cas, pas proclamé par les gardiens de la doxa et les milieux autorisés, qui n'ont pas attendu le confinement pour rester enfermés. Les arguments des « autoproclamés » sont à lire avec des pincettes : ils sont peu rigoureux et manipulables.

Gérald Bronner est « autoproclamé », mais il est aussi (et surtout) « médiatique ». C'est l'argument massue employé pour dénigrer sans en avoir l'air son travail. Médiatique ? Paradoxalement c'est souvent le pire des reproches chez… un journaliste. Sous-entendu, il brade son savoir.

Fils de pauvre, Gérald Bronner pourrait parler au nom du peuple, depuis le peuple. Celui qui se définit comme « un nomade », nulle part chez lui, « périphérique », refuse ce cantonnement de rigueur :

– Le fait d'être un transclasse vous fait mieux voir les règles du jeu social. On se défait plus facilement de ce que Bourdieu appelait « l'*illusio* ».

Le philosophe et économiste Frédéric Lordon, « l'une des figures intellectuelles incontournables de la gauche radicale », selon le Huffington Post, n'hésite jamais à parler au nom du peuple. On l'a vu et entendu lors du

1. La Découverte, 2020.

mouvement Nuit debout. Lordon considère, selon Bronner, que « le complotisme est la façon que le "peuple" a de faire de la politique ». Cette assignation à un « destin d'irrationalité » révulse Bronner, qui défend, lui, « l'accès universel à la pensée critique et au développement de soi-même[1] ». Ce paternalisme intellectuel marxisant venant d'un fils de bourgeois de l'Ouest parisien lui est insupportable.

– Lors d'un dîner à Paris avec des gens des médias et de l'édition, raconte-t-il[2], je me suis amusé à demander aux convives autour de la table qui parmi eux s'était déjà battu. Personne ! Souvent les intellectuels ne connaissent pas le prix de la violence. Beaucoup n'ont pas eu ce goût d'ammoniaque dans la bouche, constate cet instructeur de taekwondo, un art martial très sophistiqué.

La pratique de sports de combat lui a permis « d'abolir les distances sociales ». Les thuriféraires de Bourdieu ont au moins raison sur ce point : la sociologie est bien un sport de combat.

1. *Le Point*, 31 décembre 2020.
2. Entretien avec l'auteur, 11 décembre 2020.

49

Après le mépris de classe, le mépris de race

Je suis un enfant des années Mitterrand, qui furent aussi celles du mouvement SOS Racisme, créé en 1984. Au collège puis au lycée, j'ai baigné dans un antiracisme républicain et universaliste. J'ai joué au foot jusqu'à mes 13 ans. Chaque samedi, nous disputions un match contre un autre club des Yvelines : Trappes, Mantes-la-Jolie, Chanteloup-les-Vignes, Conflans-Sainte-Honorine…

Ces équipes étaient principalement composées de Noirs et d'Arabes. Je ne me souviens pas qu'un de mes coéquipiers ou moi-même les ayons traités comme tels. De même que je n'ai jamais entendu le moindre « sale Blanc ». Ça frottait parfois dans la surface de réparation, et après un tacle trop appuyé de ma part, il arrivait que Malick ou Saïd m'attende à la sortie des vestiaires. Je me faisais rebaptiser « liblaireau » ou « autostoppeur », allusion aux deux postes que j'occupais en alternance, libéro et stoppeur. Mais cela n'allait jamais plus loin.

Je ne repeins pas de rose mon adolescence en banlieue. Lorsque Saïd et Malick baissaient la tête devant le vendeur du magasin de fringues dans la galerie marchande du centre commercial Auchan, ce n'était pas par timidité, comme moi. Ils se sentaient méprisés. Pas seulement en tant que Noir ou Arabe, mais aussi comme pauvres.

Si j'avais été noir ou arabe, j'aurais eu moins de chances de parvenir là où je suis aujourd'hui. Les médias aiment parler de diversité, mais ils ne se l'appliquent pas à eux-mêmes. Je n'ai presque jamais croisé de « blacks » ou de « beurs » dans les couloirs des rédactions parisiennes. À part au *Point*.

J'ai quitté le « 7-8 » il y a bientôt trente ans. Au fil du temps, de plus en plus loin, j'ai vu les liens se distendre, les mains se crisper, les barbes s'allonger et les villes dans lesquelles je jouais au foot devenir des « no go zones » pour certains médias. Mais je n'imaginais pas que mes enfants, nés d'un père français et d'une mère algérienne, assisteraient successivement, au début du XXIe siècle, au déferlement du terrorisme islamiste et au retour des relents du racisme primaire.

J'aime regarder avec eux les informations à la télévision quand je le peux. C'était un moment que j'appréciais avec mes parents. Pendant les vacances, mon fils m'a demandé de regarder avec lui le journal de 20 heures. Un sujet était consacré à ces mouvements décoloniaux qui déboulonnent les statues, organisent des réunions « en non-mixité » (comprendre « entre non-Blancs »), se proclament « racisés », dénoncent le « privilège blanc » et refusent qu'une poétesse noire soit traduite par un traducteur blanc au nom de « l'appropriation culturelle »...

Pour mon garçon, tout cela était du charabia. Mais il percevait la violence de ces mots. Une des militantes interrogées se disait sincèrement « antiraciste ». Est-ce cela, l'antiracisme en 2021 ? La race comme unique grille de lecture des comportements humains ? La couleur de peau érigée en opinion ? Qu'il subsiste des discriminations dans notre pays, c'est une évidence, et on ne fait pas assez pour les corriger, notamment dans le monde du travail. Mais cela ne paraît pas être la priorité de ces nouveaux procureurs qui dénoncent et agressent sous couvert d'établir « l'empire du bien », cher à Philippe Muray.

Ce sont celles et ceux qu'il prétend défendre qui l'ont le mieux démasqué. « C'est un racisme déguisé en humanisme », affirme l'essayiste Abnousse Shalmani[1]. « On sent la société travaillée par des contractions racistes et on voit se démultiplier en réponse des "petites boutiques antiracistes" qui versent elles aussi dans un registre raciste », remarquait avant elle la journaliste Tania de Montaigne, auteur de *L'Assignation. Les Noirs n'existent pas*[2]...

« Le mouvement antiraciste tel qu'il existe aujourd'hui aux États-Unis et de plus en plus en Europe est une espèce de religion séculaire, où les Blancs doivent confesser un péché originel, celui de vivre dans un

1. *Le Figaro*, 12 juin 2020.
2. Grasset, 2018. Entretien dans *Le Point*, 24 mai 2018.

monde construit pour les Blancs et contre les non-Blancs, analyse l'essayiste américain Thomas Chatterton Williams. Tout ce que ces Blancs peuvent faire, c'est d'essayer de réduire leurs privilèges, de favoriser les autres et de rester silencieux. » L'auteur d'*Autoportrait en noir et blanc*[1] voit dans ce courant de pensée une « religion séculaire ». Pour ses représentants, nos différences ne sont plus dépassables, tout juste tolérables.

« Me voici casée, comme l'oncle Tom ! » s'exclame la scénariste, actrice et juriste Rachel Khan dans un pamphlet cinglant, *Racée*[2]. Africaine et européenne à la fois, binationale, française et gambienne, juive aux origines chrétiennes et musulmanes, animiste avant l'islamisation de l'Afrique de l'Ouest, blanche et noire, ainsi qu'elle se décrit, cette femme incarne le beau mot de Romain Gary : « On est tous des additionnés[3]. »

Rachel Khan voit dans cette idéologie une forme extrême d'ostracisme[4] :

– Le racialisme exprime une jouissance dans le mépris, dit-elle. En vous renvoyant à votre race, le racialiste cherche à exercer un contrôle sur vous. Il vous fige dans une identité première à laquelle vous devez vous résigner. Il vous interdit de vous construire une identité. Si vous regardez bien, le mépris a à voir avec le statut :

1. Grasset, 2021.
2. L'Observatoire, 2021.
3. *Pseudo*, Mercure de France, 1976.
4. Entretien avec l'auteur, 16 mars 2021.

le statut social et racial, le statut Facebook et les statues que l'on déboulonne !

Pour elle, un nouveau langage insidieux se diffuse dans notre société :

– Le verbe « raciser » est entré dans le dictionnaire *Le Petit Robert*. Or, il permet de verbaliser une case identitaire, il sépare les Blancs des non-Blancs. Un jour, une journaliste m'a demandé : « Et vous, en tant que racisée, vous en pensez quoi ? » Je lui ai répondu : « Racisée vous-même ! »

Elle est codirectrice de La Place (on y revient toujours !), le centre culturel hip-hop de la Ville de Paris, et ses propos lui valent des attaques nauséabondes. Les membres du conseil d'administration de cette association se désolidariseront d'elle.

Certains préféreraient que Rachel Khan et les « racisés » dans leur ensemble restent à leur place. Ces croisés rejettent la France, accusée de pratiquer un « racisme d'État », mais ils ont bien étudié son histoire et sa structure sociale. À leur manière, ils ravivent la « cascade de mépris » de l'Ancien Régime. Mais dans leur schéma de pensée, celle-ci tombe de race en race, et non plus « de rang en rang ».

La lutte des races, que certains tentent de provoquer en France, n'est pas sans résonances avec l'histoire de notre pays teintée depuis toujours de violences et de radicalité.

– Il n'est pas innocent de constater que la première théorie d'inégalité des races – source de mépris entre les peuples – apparaît dès le début du XVIIIe siècle avec le comte de Boulainvilliers, qui prétend que seuls les nobles descendent des Francs et qu'ils ont colonisé le peuple gaulois, rappelle Jean-Christian Petitfils[1], le biographe de Louis XIV et de Louis XVI…

Cette théorie sera « retournée » sous la Révolution par l'abbé Sieyès proposant de renvoyer « dans les forêts de Franconie toutes ces familles nobles qui conservaient la folle prétention d'être issues de la race des conquérants et de succéder à leurs droits ». Le « sang bleu » ne pouvait évidemment se mélanger avec celui des descendants de Gaulois…

1. Entretien avec l'auteur, 19 mars 2021.

50

Un Arabe ne devrait pas penser ça

– Tu as vu la tribune dans *Le Monde* ?

Au téléphone, la voix de mon ami écrivain Kamel Daoud est inquiète. Il en a connu d'autres, pourtant, des fatwas. Il sait, lui aussi, que l'intolérance progresse. Mais je sens que ce texte que je n'ai pas encore lu le blesse. Intitulé « Nuit de Cologne : Kamel Daoud recycle les clichés orientalistes les plus éculés », celui-ci est signé par un collectif composé d'historiens, d'anthropologues et de sociologues[1].

Que reprochent-ils à Kamel ? « Loin d'ouvrir sur le débat apaisé et approfondi que requiert la gravité des faits, l'argumentation de Daoud ne fait qu'alimenter les fantasmes islamophobes d'une partie croissante du public européen, sous prétexte de refuser tout angélisme. »

Renvoyé à l'extrême droite, mon ami, lui, l'esprit camusien, libéral, humaniste ?

Quelques jours plus tôt, il a écrit une tribune dans *Le Monde*[2] sur les crimes sexuels de masse commis à

1. Tribune, *Le Monde*, 10 février 2016.
2. « Cologne, lieu de fantasmes », *Le Monde*, 29 janvier 2016.

Cologne, en Allemagne, principalement par des réfugiés. Puis une autre dans le *New York Times*. Il y interroge notamment « la misère sexuelle dans le monde arabo-musulman, le rapport malade à la femme, au corps et au désir ».

Kamel Daoud n'est pas le premier écrivain ou intellectuel arabe à écrire cela. Mais c'est sur lui qu'on se défoule. Cette tribune est suivie d'autres, tout aussi virulentes. Dans une lettre ouverte[1], le journaliste Adam Shatz, qui lui a consacré un beau portrait dans le *New York Times* et se revendique son ami, lui écrit : « Kamel, tu es tellement brillant, et tu es tendre, aussi, ça, je le sais. C'est à toi, et à toi seul, de décider comment tu veux t'engager dans la politique, mais je veux que tu saches que je m'inquiète pour toi, et j'espère que tu réfléchiras bien à tes positions… et que tu retourneras au mode d'expression qui, à mon avis, est ton meilleur genre : la littérature. »

On n'aurait pu choisir termes plus condescendants…

L'écrivain, assigné, lui répond dans le même article : « Que des universitaires pétitionnent contre moi aujourd'hui, à cause de ce texte, je trouve cela immoral : parce qu'ils ne vivent pas ma chair, ni ma terre et que je trouve illégitime sinon scandaleux que certains me prononcent coupable d'islamophobie depuis des capitales occidentales et leurs terrasses de café où règnent le confort et la sécurité. Le tout servi en forme de procès stalinien et avec le préjugé du spécialiste : je sermonne

1. *Le Monde*, 19 février 2016.

un indigène parce que je parle mieux que lui des intérêts des autres indigènes et post-décolonisés. Cela m'est intolérable comme posture. » Dans la foulée, Kamel Daoud annonce qu'il arrête le journalisme. Il fera toutefois une exception pour *Le Point*, où il tient une chronique depuis l'automne 2013.

Il l'a souvent écrit : « l'intellectuel du Sud », qui cherche à échapper aux clichés, est condamné à la solitude.

– On cherche à t'imposer un rôle, me dit-il[1]. Il y a un casting idéologique préétabli dans lequel tu dois te fondre. On sait mieux parler de toi que toi-même. Tu dois rester l'Autre.

Il dérange deux rentes de situation dans le domaine intellectuel :

– Du côté algérien, ceux qui disent que tout est de la faute de la France et que les Algériens sont dans un processus éternel de décolonisés. Et du côté français, une certaine gauche, une partie du monde éditorial et universitaire, qui voit dans l'Arabe une victime éternelle et éternellement convocable.

C'est aux États-Unis qu'il a parfois subi le mépris le plus intense, lorsqu'il faisait la promotion de son livre *Meursault, contre-enquête*[2] :

– Je me suis rendu compte que l'on me confondait avec la victime dans le livre. Or, je n'arrive pas à jouer à

1. Entretien avec l'auteur, 22 février 2021.
2. Actes Sud, 2014.

l'Arabe de Camus. Les *postcoloniales studies* aux États-Unis imposent de véritables castings aux intellectuels issus du Sud, au mépris de leur différence ou indépendance de réflexion. On me sollicite pour répondre des politiques ou des gestes de la France sur la question de la colonisation, comme si je vivais encore cette colonisation comme réalité unique et indépassable. Il y a mépris pour mon présent.

Kamel Daoud a collaboré au *New York Times* :

– Je me demande *a posteriori* si je n'avais pas été recruté pour faire office de mauvaise conscience vis-à-vis de l'homme blanc. Comme témoin à charge permanent contre cet homme blanc, comme un argument d'inculpation.

La France est gagnée par certaines obsessions des campus et des médias américains : l'intersectionnalité, l'indigénisme, le racialisme… que le brillant essayiste québécois Mathieu Bock-Côté a parfaitement décryptés dans son livre *La Révolution racialiste*[1]. Une partie de la gauche a troqué la lutte des classes pour la lutte des races. Certains voient dans les musulmans un nouveau prolétariat : les islamogauchistes.

Cette vision réductrice de l'homme, qui l'enferme dans une identité, est bien la nouvelle forme du mépris. Un mépris sophistiqué, drapé dans la générosité et la défense des victimes.

Pour ces « nouveaux fanatiques », un Kamel Daoud

1. Les Presses de la Cité, 2021.

est une anomalie. Selon eux, un bon Arabe est soit un islamiste, soit une victime de l'Occident colonial.

Mais c'est un autre mépris qui intrigue l'écrivain, le premier qu'il a affronté :

– Il émanait des Algériens installés en France. Lorsqu'ils revenaient pour les vacances l'été, ils nous prenaient de haut. Le mépris, c'est l'effet domino. En méprisant, on reconduit ce que l'on a subi et on croit s'en débarrasser.

Il observe que les critiques les plus virulentes à son égard viennent encore d'eux :

– Les seuls qui me traitent d'Arabe, ce sont les autres Arabes. Certains m'en veulent car j'ai cassé le contrat victimaire. J'aurais dû dire qu'ils étaient tous des victimes.

51

« Les gars qui fument des clopes… »

– Ils veulent pas que nos gosses bouffent du Nutella ? Ça leur fait quoi ?

Sur le marché du petit village normand où je fais mes courses ce dimanche glacial de janvier 2018, une dame rouspète :

– C'est dégueulasse, le Nutella, il y a de l'huile de palme dedans, lui répond le fromager.

La dame insiste :

– Qu'est-ce que ça peut bien leur faire, aux autres, que mes gosses aiment le Nutella à 4 heures ? T'as entendu comment ils parlent de nous : on est des sauvages ! Si j'avais su que ça les emmerdait tant que ça, j'en aurais acheté dix pots de plus !

Quelques jours plus tôt, Intermarché a mis en vente des pots de 950 grammes de cette pâte à tartiner à 1,41 euro seulement. Soit 70 % de réduction sur le prix habituel. Les clients se sont précipités. La télévision a montré des images d'émeutes. De nombreux politiques et éditorialistes se sont indignés de ce « consumérisme forcené ».

Cette critique est ancienne dans l'intelligentsia, comme le montre Jean-Claude Daumas dans son livre *La Révolution matérielle*[1]. En 1948 déjà, Simone de Beauvoir fustige « l'individu trop occupé à se servir du téléphone, des frigidaires, des ascenseurs pour regarder par-delà et en deçà ». Quinze ans plus tard, Edgar Morin exprime son dégoût des citoyens « tendant à s'enfermer dans une coquille de bernard-l'ermite électroménager ».

Ce discours moralisant et condescendant s'avère « en complet porte-à-faux par rapport aux attentes et aux comportements des consommateurs réels qui, eux, plébiscitent l'abondance parce qu'ils y voient le moyen d'améliorer leurs conditions de vie », selon Jean-Claude Daumas.

L'incompréhension entre deux France (celle qui vit et celle qui pense) n'a jamais paru aussi vive et conflictuelle, surtout lorsqu'à l'intolérance s'ajoute un sentiment de supériorité.

J'écoute la mère de famille sur le marché. À travers le Nutella, elle estime que l'on remet en cause son mode de vie. Elle se sent jugée, méprisée, humiliée par ce « ils », qui désigne tout autant les journalistes, les politiques, les Parisiens...

Quelques mois plus tard, les Gilets jaunes occuperont les ronds-points... Révolte fiscale et rébellion contre le

1. Flammarion, 2018.

mépris social véhiculé par la « France d'en haut » et la « start-up nation ».

– La consommation cristallise un nouvel antagonisme dans la société française, explique l'analyste politique Jérôme Fourquet[1], fils d'un prof de fac et d'une bibliothécaire d'université, qui a grandi dans un lotissement de la périphérie du Mans. Une partie de la population, plutôt urbaine et favorisée, plébiscite le bio, le vélo, la « sobriété heureuse ». Elle critique les Français qui ne veulent pas renoncer à leur mode de consommation habituel : diesel, Nutella, Amazon... Pour ceux-là, la consommation est très statutaire, voire identitaire. C'est une façon pour eux de se réaliser. Ils ne comprennent pas ce discours sur la décroissance – c'est un snobisme de gens aisés.

Le mépris de la première pour la seconde, c'est Benjamin Griveaux, l'ancien porte-parole du gouvernement Édouard Philippe, qui l'a exprimé avec le plus de force. En octobre 2018, un indiscret paru dans *Le Journal du dimanche* rapporte des propos qu'il a tenus sur le compte de Laurent Wauquiez, le chef de file du parti de droite LR, qui soutient les Gilets jaunes contre le pouvoir macroniste : « Wauquiez, c'est le candidat des gars qui fument des clopes et qui roulent au diesel. Ce n'est pas la France du XXIe siècle que nous voulons. »

– Lors de la crise des Gilets jaunes, certaines personnes, dans notre majorité, ont vu des Français avec des visages qu'ils ne connaissaient pas. C'était le retour

1. Entretien avec l'auteur, 16 décembre 2020.

du ventre de Paris, dit Gérald Darmanin[1]. Plus que le mépris, c'est la peur à l'égard de cette France-là qui a augmenté.

Cette France qui mange du Nutella, aime Michel Sardou, fume des clopes et roule en diesel se sent désormais de trop. Alors que ses perspectives de mobilité sociale s'amenuisent, on s'en prend à sa voiture, le seul moyen pour elle de ne pas être assignée à résidence. Les heurts entre ces deux France se multiplient sur le terrain de la consommation. Le moindre sujet devient inflammable. Le Black Friday ? Désastre écologique pour les uns, bonnes affaires avant Noël pour les autres. Les menus sans viande à la cantine ? « Une insulte inacceptable aux agriculteurs et aux bouchers français » et « une politique moraliste et élitiste [...] [qui] exclut les classes populaires », selon le ministre de l'Intérieur[2].

Sa collègue Barbara Pompili, ministre de la Transition écologique, lui rétorque que ce sont « des clichés éculés » et que « la viande peut être remplacée par du poisson, des œufs, des légumineuses qui apportent toutes les protéines nécessaires ».

La guerre civile frémit dans nos assiettes.

1. Entretien avec l'auteur, 15 mars 2021.
2. Sur son compte Twitter.

Les monuments de Paris

Septième visite : Jean-Pierre Jouyet

Dans quel appartement du XVIe arrondissement de Paris peut-on bien voir des photos encadrées de François Hollande ? Chez un ami de l'ancien président de la République. Hollande et Jouyet sont des amis de cinquante ans. Une amitié républicaine, scellée sur les bancs de l'ENA, promotion Voltaire.

Un seul coup de canif dans leur contrat : le jour où Jean-Pierre a accepté de devenir secrétaire d'État aux Affaires européennes du gouvernement Fillon, en 2007.

Deux ans après son élection, en 2014, cela n'a pas empêché François de nommer Jean-Pierre secrétaire général de l'Élysée. Ce dernier y retrouve comme secrétaire général adjoint un jeune inspecteur des finances passé par la banque Rothschild, un certain Emmanuel Macron, qu'il connaît bien.

Tandis qu'il se verse une canette de Coca-Cola dans son salon, je rappelle à Jean-Pierre Jouyet son surnom : « le DRH de la République ». Il a dirigé le Trésor, la Caisse des dépôts et consignations, puis a été nommé ambassadeur de France en Grande-Bretagne.

Je veux l'entendre sur l'influence des grands corps en

France. Nicolas Sarkozy, Anne Hidalgo et tant d'autres personnalités rencontrées au cours de mon enquête n'ont pas eu de mots assez durs contre ce qu'elles considèrent comme le « cœur du réacteur du mépris en France », selon l'expression de la maire de Paris.

Retiré des affaires, Jouyet a publié en 2020 un livre à cœur ouvert, *L'Envers du décor*[1], où l'on peut lire du dépit amoureux à l'égard d'Emmanuel Macron, mais auquel il faut reconnaître une indéniable liberté de ton.

Je lui expose le fil conducteur de mon enquête.

– Il y a bien un mépris de classe en France, admet-il en préambule[2]. Ce mépris n'est comparable qu'à celui qui existe en Grande-Bretagne entre les aristocrates et le reste de la société. Il y a aussi, de bas en haut, un mépris de l'argent.

– Les grands corps, c'est une spécificité bien française tout de même ?

– Les grands corps ont longtemps exercé un pouvoir considérable, reconnaît-il. Vous aviez des personnalités comme Jean-Yves Haberer [inspecteur des finances, président de Paribas puis du Crédit lyonnais], Claude Pierre-Brossolette [inspecteur des finances, président du Crédit lyonnais] ou Jean-Claude Trichet [inspecteur des finances, gouverneur de la Banque de France]. Les grands corps dominaient la politique française : ils représentaient le pouvoir. On voulait ressembler à des gens comme Valéry Giscard d'Estaing [École polytechnique, ENA, Inspection générale des Finances], Laurent Fabius [ENA, École normale supérieure, Conseil d'État] ou Alain Juppé [École normale supérieure, ENA, Inspection générale des Finances].

1. Albin Michel.
2. Entretien avec l'auteur, le 21 janvier 2021.

– Pourquoi parlez-vous au passé ? C'est toujours vrai, non ?

– La crise de 2008 a rebattu les cartes. Regardez la composition des cabinets ministériels : on y trouve beaucoup moins d'inspecteurs des finances aujourd'hui. À Bercy, une seule direction est détenue par un inspecteur des finances : le Budget [Amélie Verdier]. Le nouveau directeur général du Trésor, Emmanuel Moulin, est énarque, mais il ne sort pas de l'Inspection.

Pour me convaincre de la perte de pouvoir de son corps d'origine, Jean-Pierre Jouyet me renvoie à un document dont il semble penser que tout un chacun le possède sur sa table de chevet : l'annuaire de l'Inspection des Finances. J'ai tenté de me le procurer. Ce n'est pas aussi simple que pour le guide des marées. Il faut appartenir au club. Je fais donc confiance à mon hôte pour m'indiquer quelles informations on trouve dans cet annuaire :

– En le lisant, vous seriez surpris par le nombre de gens qui restent à l'Inspection. Tout le monde ne réussit pas dans ce corps.

J'acquiesce de la tête, d'un air entendu. Comprenant qu'il n'a pas devant lui un expert de la haute administration, il prend le temps de la pédagogie :

– N'oubliez pas un autre point important : tout le monde ne bénéficie pas de la même considération au sein de l'Inspection des Finances. Les plus respectés sont ceux qui sortent majors de l'ENA. Henri de Castries [ancien patron d'AXA] est sorti dans les tout premiers, moi seulement sixième. Jouyet, ce n'est pas Castries !

– Certes, mais Jouyet, c'est toujours mieux que M. Durand ! Il y a d'autres subtilités comme celle-là ?

– Parmi les inspecteurs des finances, auparavant il y avait une sorte de clan « normalien » après Simon Nora.

Aujourd'hui, ce n'est pas le cas, comme en témoignent Emmanuel Macron et Alexandre Bompard.

– Si les inspecteurs des finances ont perdu de leur superbe, qui prend leur place ?

– Ce que j'ai vu de plus puissant ces dernières années, c'est la progression du corps des Mines. À l'époque, le grand parrain du corps, c'était Jean-Louis Beffa [ancien P-DG de Saint-Gobain]. Aujourd'hui, il y a Patrick Pouyanné à la tête de Total, et Jean-Laurent Bonnafé chez BNP.

– Comment ont-ils pris le pouvoir ?

– Il existe une organisation très puissante au sein de ce corps. Je l'ai vu en 2016, lorsqu'il a fallu choisir un nouveau patron à la tête d'Engie. J'étais secrétaire général de l'Élysée, on nous a proposé trois candidatures issues de ce corps. C'est l'une d'elles, Isabelle Kocher, qui l'a emporté.

– Qu'est-ce qu'ils ont en plus, les ingénieurs des Mines ?

– Disons qu'ils savent mieux faire. Ils font moins de politique. Ils sont plus discrets.

– Parmi les présidents de la République que vous connaissez bien, qui était le plus lié aux grands corps ?

– Cela va peut-être vous étonner, mais celui qui était le plus entouré d'inspecteurs des finances, c'est Sarkozy. Certains d'entre eux appréciaient son goût du contact, de la discussion…

Le rapport d'amour-haine de l'ancien président avec les énarques évoque celui de Napoléon envers l'ancienne noblesse : « Il n'y a que ceux-là qui savent servir », disait-il. Je lui cite une confidence que m'a faite Manuel Valls : Macron, autant que Hollande, est très attentif à la coloration des CV lors des nominations.

– C'est vrai. Emmanuel et François veulent savoir à qui ils ont affaire. Ne lui en déplaise, Emmanuel a beaucoup été aidé par l'Inspection des Finances dans sa carrière.

Son ami Hollande serait-il méprisant ? Son ancienne compagne, la journaliste Valérie Trierweiler, a publié sur Twitter un SMS qu'il lui avait adressé le 31 mai 2008 : « Je suis avec ma copine Bernadette dans une grande manifestation dans son canton. Je lui ai fait un numéro de charme. Mais tu ne dois pas t'inquiéter. Dans son discours, elle a fait un lapsus formidable. Rire général, même chez les sans-dents. »

– Il n'y a aucune forme de mépris chez François. Il vient d'un milieu bourgeois moyen. Il a toujours été très près des gens comme Nicolas Sarkozy ou Xavier Bertrand d'ailleurs. Par la suite, il s'est rapproché, comme chef d'État, des plus influents, ce qui est une tradition historique française.

– Et Macron ?

– Je ne pense pas qu'il y ait de mépris social chez lui. Mais les gens l'intéressent sans doute moins que François et Sarkozy. Il y a plus un mépris culturel chez lui. Son seul complexe est d'avoir échoué deux fois au concours de Normale supérieure.

Et lui, Jean-Pierre Jouyet ? Lui que ses détracteurs dépeignent comme l'incarnation de l'aristocratie d'État ?

– Je suis issu d'une petite bourgeoise de province rurale. Ma grand-mère était servante. Mais, c'est vrai, mes études et la carrière qu'elles ont conditionnée ont fait oublier cela.

Il me parle d'une cour de ferme en Normandie qu'il visualise tout en me parlant. Plusieurs expressions traversent son visage. Je n'y lis pas l'arrogance.

L'exception qui confirme la règle ? Il faut s'éloigner un peu du microcosme parisien pour avoir une vue d'ensemble de la situation.

52

Les réseaux contre le réseau

En 2016, alors que je consulte la liste des nouveaux abonnés à mon compte Twitter, un nom retient mon attention. Son profil indique que cette Française étudie au MIT, la prestigieuse université scientifique américaine d'où sont sortis de nombreux Prix Nobel. Une Française au MIT : une rareté à découvrir, me dis-je. Une bonne source d'information, aussi, susceptible d'alimenter le journal dont je dirige la rédaction, *Le Point*, dans un domaine où nous visons l'excellence : les sciences et les technologies. Je décide donc de « suivre » Aurélie Jean à mon tour.

Quelques jours plus tard, elle m'adresse un mot sur ma messagerie privée. Elle me remercie de son intérêt et me dit être une lectrice fidèle du *Point*, même aux États-Unis.

Mon inculture scientifique est exceptionnelle. En classe de cinquième, mon professeur de physique-chimie a failli avoir le visage brûlé par ma faute. Lors d'une expérience, j'avais laissé un bec Bunsen ouvert.

Au moment où le professeur est passé au-dessus avec une allumette allumée, sa barbe a pris feu. Il l'a éteinte avec des chiffons. Il s'en est fallu de peu qu'il finisse comme le pilote de Formule 1, Niki Lauda, défiguré. Depuis, je me tiens à distance de cette matière.

Avant de discuter avec Aurélie Jean, j'ai cédé au réflexe atroce de notre temps : taper son nom dans le moteur de recherche Google. Les informations que je découvre sont du chinois pour le cancre scientifique que je suis : Aurélie est docteure en science des matériaux et en mécanique numérique. Sa thèse portait sur « l'étude d'un élastomère chargé, de sa nanostructure à son macro-comportement ». Elle a fait ses études à l'École normale supérieure Paris-Saclay et à l'École nationale supérieure des mines de Paris. Puis elle a poursuivi sa recherche postdoctorale à l'université d'État de Pennsylvanie. Au MIT, elle a notamment travaillé sur la médecine numérique.

« Une tête », dirait ma grand-mère maternelle. Je ne suis pas impressionné pour autant, car Aurélie fait montre d'une pédagogie simple et imagée. Au moment où nous lions connaissance, elle lance sa société In Silico Veritas pour mieux faire connaître le numérique aux femmes notamment et espérer former les managers aux nouvelles technologies. Elle me vante l'apprentissage du code informatique auquel mes enfants s'initieront sur son conseil.

Deux ans plus tard, nous nous rencontrons pour la première fois « dans le monde réel », lors de son retour à Paris. Je découvre alors son histoire personnelle. Elle a été élevée dans une cité HLM par ses grands-parents en banlieue parisienne. Son grand-père a été horticulteur, brancardier à l'Hôtel-Dieu, pompier du nucléaire au CEA (Centre d'études atomiques). À 40 ans, il a repris des études de droit et a terminé sa carrière comme cadre administratif au service des ressources humaines du CEA.

Son épouse, la grand-mère d'Aurélie, travaillait chez les Bouygues. Le midi, elle servait le déjeuner de Francis dans son bureau à Clamart, et le soir elle gardait le petit Martin.

Au cours de nos discussions, Aurélie, lectrice très attentive du *Point*, me donne son avis sur le journal. Je suis très curieux de ses réactions, car elle appartient à une génération que la presse ne parvient pas à attirer. Elle incarne surtout une jeune France entrepreneuse et innovante qui s'est exilée, étouffant sous notre plafond de verre.

– La France ne donne pas assez leur chance aux outsiders, martèle-t-elle[1], à ceux qui pensent différemment, à ceux qui ne suivent pas le parcours scolaire « royal », ou encore à ceux qui font des zigzags sur leur chemin.

Avec Étienne Gernelle, le patron du *Point*, nous partageons la même sympathie pour « ceux qui ont bénéficié d'un coup de pouce du destin, et qui ont obtenu des

1. Entretien avec l'auteur, 12 octobre 2020.

fonctions auxquelles ils ne pouvaient prétendre sur le papier[1] ». C'est toute l'histoire du propriétaire du journal, François Pinault, jeune Breton du pays de Saint-Malo, parti de rien pour devenir l'un des plus grands entrepreneurs français.

Les outsiders ont leur place naturelle dans notre hebdomadaire ! Pour le lui prouver, je propose à Aurélie Jean de tenir une chronique sur notre civilisation algorithmique. Notre rédacteur en chef Sciences & Technologies, Guillaume Grallet, qui l'avait également repérée, a approuvé ce choix.

À l'automne 2019, je reçois une belle enveloppe contenant invitation pour une remise de décoration. Aurélie Jean a été nommée chevalier de l'ordre national du mérite. La remise a lieu au ministère de l'Éducation nationale. Le ministre, Jean-Michel Blanquer, qui lui a proposé d'intégrer le nouveau Comité d'éthique pour les données d'éducation, prononce son éloge. Au tour de l'impétrante de prendre la parole.

En l'écoutant retracer son parcours, je me projette vingt-cinq ans en arrière. En 1995, je débarquais à Paris. Je ne connaissais personne. Si j'avais voulu contacter le patron du *Point* de l'époque, son fondateur Claude Imbert, comment m'y serais-je pris ? Imbert n'avait ni compte Twitter ni profil sur LinkedIn, le réseau social professionnel. J'aurais contacté le journal. Sa secrétaire aurait noté mon nom et mon numéro de téléphone.

1. « De quel droit demande-t-on ses papiers à Alexandre Benalla ? », *Le Point*, 20 septembre 2018.

Dans le cas bien improbable où j'aurais été contacté, je me serais trouvé bien embêté, car je ne disposais pas de téléphone personnel à Paris. J'étais équipé d'un Tatoo, bipper qui affichait sur une ligne un numéro à rappeler. Je devais descendre les sept étages de l'immeuble où j'avais ma piaule pour utiliser la cabine téléphonique la plus proche. Une deuxième solution aurait consisté à écrire à Claude Imbert. Combien de mes lettres de candidature sont restées sans réponse ! Une dernière option m'aurait conduit à le guetter à la sortie du journal et à l'apostropher. J'étais bien trop timide pour tenter une pareille opération.

Plus tard, je raconte ces souvenirs à Aurélie Jean. Elle me regarde comme une créature préhistorique.

– Les réseaux sociaux rebattent les cartes, me dit-elle. J'ai rencontré des gens que je n'aurais jamais connus autrement. Et ces gens-là ont connu mon existence par les réseaux. LinkedIn a cassé les codes. C'est un réseau professionnel très bien exploité par les femmes. Sur Twitter, il y a trop d'aigreur et de haine. J'aime bien Instagram, on y trouve des gens intéressants et plus bienveillants, de toutes les générations.

Une nouvelle expression a fait florès ces dernières années : le circuit court. Il désigne tout circuit de distribution ou de commercialisation faisant intervenir au maximum un intermédiaire. Pour les relations professionnelles, il semble en aller de même. Si vous n'avez pas de réseau, allez sur les réseaux.

53

« Le meilleur moyen d'avoir une bonne idée est d'en avoir beaucoup »

« Si l'on commence à jeter des cailloux sur les premiers de cordée, c'est toute la cordée qui dégringole. » Cette phrase prononcée par Emmanuel Macron en octobre 2017, lors d'un entretien télévisuel, est révélatrice d'un trait endémique de la culture française. Nous mettons sur un piédestal le génie individuel, le diplôme d'une grande école, le QI. Ce sont les premiers rôles qui sont mis en avant, jamais les seconds.

Quelques mois plus tard, Emmanuel Macron est revenu sur sa déclaration. Mais pour mieux l'appuyer : « Ce n'est pas le premier de cordée qui tire les autres sur la corde. Chacun doit aller, aspérité après aspérité, prendre sa propre prise. Mais quelqu'un a ouvert la voie. »

En résumé, si une seule personne n'est pas intelligente pour tous les Français, ils ne seront pas capables de s'élever dans son ombre. Cette vision élitiste et providentielle continue à diffuser son mépris dans la tête des Français, à commencer par les « seconds de cordée ». Dès le plus jeune âge, à l'école, ils sont exposés à ce discours. C'est la performance individuelle qui compte, pas la réussite de la classe. Chacun pour soi et que le meilleur gagne.

Or, le génie d'un pays ne résulte pas de la somme de ces QI. C'est ce que m'a appris Émile Servan-Schreiber[1].

– Un groupe, m'explique Émile[2], possède un QI. Et les QI individuels ont assez peu d'effet sur ce QI collectif.

La capacité d'un groupe à résoudre un problème dépend de deux choses : l'expertise de ses membres (diplôme, expérience, connaissance du problème à résoudre…) et l'aptitude à intégrer la diversité des points de vue sur ce qu'il exprime. À l'intérieur de ce groupe, ce qui compte avant tout, c'est « l'intelligence émotionnelle » de ses membres. Comprenez : l'empathie, la capacité d'écoute, le respect des contributions des autres…

À l'inverse, la hiérarchie, l'autorité, l'éloquence au service de fausses certitudes constituent autant d'obstacles rédhibitoires à la fermentation du lien : quand on est l'expert, on a tendance à ne pas écouter les autres. C'est une erreur, car on n'est pas bon à 100 %. La diversité d'opinions permet non seulement de compenser les lacunes de chacun, mais aussi de neutraliser les erreurs intellectuelles des uns par celles des autres. Cela

1. Notamment dans son livre *Supercollectif*, ouvrage cité.
2. Entretien avec l'auteur, 15 février 2021.

implique que les non-experts s'expriment en apportant un élément nouveau, qui nourrit la réflexion et la stimulation collectives.

Nous avons besoin de diversité. C'est une loi de la nature. La termitière en offre une parfaite illustration. « Rien dans l'univers ne saurait résister à un nombre suffisamment grand d'intelligences groupées et organisées », écrivait Pierre Teilhard de Chardin. Émile Servan-Schreiber a placé cette citation en ouverture de son livre. Il aurait pu aussi choisir la remarque de bon sens formulée par le prix Nobel de chimie, Linus Pauling : « Le meilleur moyen d'avoir une bonne idée est d'en avoir beaucoup. »

La pluralité ne devrait pas être présentée comme un « impératif moral » mais comme un bien à cultiver. Sa valeur a été démontrée mathématiquement par le sociologue américain Scott Page dans son théorème de la diversité.

Émile Servan-Schreiber prodigue ses conseils aux entreprises. Il les aide à mieux utiliser l'intelligence collective latente de leurs collaborateurs et de leurs clients. Pour y parvenir, il mise sur la technologie des marchés prédictifs, qu'il développe avec sa société Hypermind, créée en 2014. La prévision, c'est l'essence de l'intelligence, selon Yann Le Cun, le découvreur du *deep learning.*

Au lieu de demander aux salariés d'une entreprise, par exemple, de « liker » une idée proposée, on les invite à « parier sur celles qui seront acceptées ou non par leurs dirigeants ou leurs clients ». Au lieu d'exprimer leur préférence personnelle, ils se mettent de la sorte à la place des décideurs. Ils se prononcent en fonction de la proposition qui est le mieux susceptible de fonctionner. Lorsqu'on demande aux gens de faire des prévisions, ils sont collectivement bons, m'assure-t-il. Cette technique présente un double avantage : ceux qui doivent décider ont ainsi accès à l'intelligence supercollective et le travailleur se met à la place du décideur. On fait appel à la partie du cerveau qui raisonne.

Hypermind a expérimenté cette technique dans une entreprise dont le dialogue social était bloqué. Salariés et cadres s'opposaient sur la gestion des horaires d'un centre d'appels. Chacun a été invité à dire comment il voyait l'organisation du travail. Puis tout le monde a été incité à prédire la solution qui fonctionnerait le mieux. Le juge de paix étant le sondage de satisfaction de la clientèle le mois suivant. Cette approche a dépassionné et dépolarisé les débats. Et une solution a été trouvée.

– Chacun est expert de sa vie, résume cet auteur à l'esprit ouvert. C'est ça qu'il faut valoriser. C'est l'expérience du terrain qui compte.

Un bon « premier de cordée » ne compte pas sur ses seuls neurones pour parvenir au sommet avec toute son équipe. Il « emprunte le cerveau » des « seconds de cordée ». S'il les méprise trop, la corde se tendra et la cordée dévissera…

Le président Macron en sait quelque chose.

Une commission contre le mépris ?

En juin 2007, alors qu'il vient d'être élu président de la République, Nicolas Sarkozy mandate Jacques Attali pour lui fournir des propositions pour relancer la croissance économique en France. La « commission Attali » est née. Quarante-deux membres sont nommés (dont 7 personnalités étrangères). Fait significatif : beaucoup sont issus du système des grandes écoles. Philippe Aghion, Claude Bébéar, Serge Weinberg, Erik Orsenna et Emmanuel Macron, qui en sera le rapporteur général adjoint, y siègent.

Le 23 janvier 2008, la commission rend son rapport final. Un certain nombre de mesures préconisées se veulent des remèdes à la société du mépris, même si le mot n'est malheureusement jamais prononcé.

Le premier objectif fixé est de « se donner les moyens pour que tout élève maîtrise avant la fin de la sixième le français, la lecture, l'écriture, le calcul, l'anglais, le travail de groupe et l'informatique ».

L'ambition numéro 5 a pour titre : « Supprimer les rentes, réduire les privilèges et favoriser les mobilités ». La commission déplore que « des exigences de qualification excessives ou de droits exclusifs, accordés à certaines professions, subsistent tandis que l'objectif originel est devenu obsolète ».

Elle souhaite donc « ouvrir très largement ces professions à la concurrence ». Cela concerne, entre autres, « une grande partie des activités de santé » (pharmacies, vétérinaires) et « la plupart des métiers du droit » (huissiers, notaires). Mais aussi les taxis, dont la commission espère « une ouverture complète du marché ainsi que celui des véhicules de petite remise parisiens. « Au fil du temps, les conditions de diplôme ou d'expérience pour l'exercice de la profession, *numerus clausus* et régime d'autorisation administrative en nombre limité, vénalité des charges, restrictions à la détention du capital, ont en réalité créé progressivement de véritables rentes », lit-on.

La commission Attali promeut également la suppression de toute réglementation restreignant le nombre et la localisation de nouveaux hôtels, cafés-restaurants, cinémas et stations-service. Elle veut aussi mettre en place une bourse Internet du logement social.

En comparaison, la commission se montre plus timide s'agissant de la réforme des grands corps de l'État. Elle recommande seulement qu'ils soient « regroupés selon des lignes de métiers correspondant aux exigences de l'économie moderne : finances, énergie, infrastructures numériques, santé ». Ils seront composés de « fonctionnaires choisis par concours après cinq années minimum d'exercice dans la fonction d'administrateur dans le même secteur ».

Une « petite main » qui œuvrait dans l'ombre pour animer les groupes de travail m'a raconté récemment que la distribution des thèmes avait fait l'objet de querelles de préséance entre les énarques de la commission. Même quand elle réfléchit à son avenir, la France succombe à l'esprit de castes. Afin de réformer la France, le principal ministre de Louis XVI avait convoqué une assemblée de notables débuts 1787. Ses cent quarante-sept membres furent incapables de se mettre d'accord, sauf pour conserver leurs privilèges. Deux ans plus tard éclatait la Révolution.

Épilogue

Par un froid matin de mars, un TER nous emmène – la photographe Élodie Grégoire, la rédactrice en chef adjointe du service Politique du *Point* Nathalie Schuck et moi-même – à Saint-Quentin, dans l'Aisne. Xavier Bertrand va nous annoncer officiellement qu'il est candidat à l'élection présidentielle. Comme un écho à ce qu'il m'a confié il y a quatre mois plus tôt pour ce livre, il se place en champion des méprisés.

– Le mépris me revient en pleine figure avec la macronie, m'avait-il confié. J'entends : Bertrand, c'est l'assureur, le VRP, le réparateur de bagnoles. Je l'ai perçu aussi chez Marine Le Pen, en 2015, dans le procès qu'elle m'a intenté pour incompétence.

Et il avait ajouté :

– Il y a chez les macronistes certainement du mépris social à mon égard, voire intellectuel : ça tient chaud, l'hiver, le mépris des autres.

Ambiance. Le mépris sera bien le sujet de la présidentielle 2022.

Voici François Pinault au centre de Paris. Il vient d'offrir à la capitale un superbe écrin dédié à l'art contemporain, la Bourse du commerce : 7 000 mètres carrés répartis sur dix espaces d'exposition. Comme à Venise, il a confié les lieux à l'architecte japonais Tadao Andō, autodidacte et détenteur d'un permis poids lourd lui aussi. La collection de l'homme d'affaires rassemble désormais plus de 10 000 œuvres de près de quatre cents artistes.

– Je n'y connaissais rien du tout au départ, s'amuse-t-il quelques semaines plus tôt[1]. Je n'étais pas intimidé, j'étais incompétent. Je n'avais aucune culture. Chez moi, il y avait l'almanach du téléphone, le calendrier Oberthur du facteur, c'est tout. La lecture, c'était *Ouest-France* que le facteur apportait tous les jours.

Je lui demande comment il a surmonté ces obstacles sur le terrain de l'art.

– Au début, je craignais que l'on me prenne pour un dérangé ou un fou. « Comment ce type-là peut-il apprécier des merdes pareilles ? » J'ai appris sur le tard à me moquer de l'avis des autres. Quand vous êtes jeune et que vous démarrez, vous en prenez plein la gueule. On vit au travers du regard des autres. Ça se dépouille au fil des années.

À la Bourse du commerce, une place de choix est réservée au « poète militant » David Hammons[2]. L'artiste noir américain n'avait jamais été invité dans un musée

1. Entretien avec l'auteur, 24 mars 2021.

2. « La collection Pinault, pierres brutes de l'art », *Le Figaro*, 18 mai 2021.

français. Son œuvre, inspirée du sort des Noirs en Amérique, a frappé François Pinault. Comme un écho de ses propres blessures ?

– L'art m'a appris à ne pas m'enfermer dans des certitudes. Ce qui est beau, ce n'est pas ce que je vois beau, et tout le reste serait laid. Il faut résister à la tentation de rejeter ce à quoi on ne comprend pas grand-chose. Il n'y a rien de pire que de fermer les écoutilles. Il ne faut pas se fixer de limites. J'ai éprouvé quelquefois du ressentiment à l'égard de ceux qui m'avaient savonné la planche. Les artistes m'ont vacciné contre ce sentiment négatif.

Briser la chaîne du mépris : c'est une question de survie. On ne transmet pas seulement ce dont on a hérité. Mais aussi ce que l'on a conquis dans l'adversité.

Après avoir créé l'Université populaire, Michel Onfray rêve d'ouvrir, sur le même modèle, un centre d'art dans son village de Chambois, en Normandie. Xavier Niel a créé des écoles. Moussa Camara initie les jeunes à l'entrepreneuriat. Aurélie Jean promeut les outsiders et les « techs » dans le monde de l'intelligence artificielle. Kamel Mennour bouillonne à l'idée de faire découvrir de nouveaux artistes dans ses galeries. Gérald Bronner cultive une pépinière de jeunes talents de la sociologie.

Je suis retourné voir une dernière fois Bernard Tapie[1].

– Finalement, tu ne sais rien de ce que j'ai fait de

1. Entretien avec l'auteur, 10 février 2021.

bien, me lance-t-il d'un air sibyllin. Mais je l'ai fait quand même.

– De quoi veux-tu parler ?

– 9 600 élèves sont sortis diplômés de mon école. L'un d'eux a fêté récemment son premier milliard à la Bourse de New York.

L'ancienne inspectrice du travail, Anne Hidalgo, se sent aussi pousser des ailes. Elle veut faire mordre la poussière au macronisme, « ce milieu de mecs ambitieux et arrogants qui pensent que le pouvoir leur revient [1] ». Un destin présidentiel se nourrit de beaucoup d'ingrédients. La frustration et l'humiliation peuvent donner de l'énergie ou s'avérer toxiques : tout dépend du dosage. J'aurais aimé entendre le président de la République sur ce thème : il a décliné l'invitation.

Pendant ce temps, entre Paris et le cap Nègre, Nicolas Sarkozy met la dernière main à un nouveau livre. Un pied de nez à ceux qui ont moqué sa culture.

Pour briser le système, encore faut-il que les méprisés d'un jour aient la force de caractère de ne pas reproduire ce qu'on leur a infligé !

1. Entretien avec l'auteur, 5 janvier 2021.

Conclusion

J'ai cherché à démontrer dans ce livre comment le mépris avait fait de la France « un paradis peuplé de gens qui se croient en enfer », pour reprendre la formule de l'écrivain Sylvain Tesson[1].

Quel est l'opposé d'une société du mépris ? Une société de la dignité. Une société qui considère les individus non pas en fonction de ce qu'ils sont mais de ce qu'ils font. Une société d'adultes et non d'infantilisés. Une société ouverte et non de *numerus clausus*.

En réalité, la Révolution française n'est pas terminée. À moins qu'elle ne recommence. Nous sommes comme en 1792 : la monarchie espérait avoir sauvé sa peau – à l'été, le peuple de Paris investit les Tuileries… Alors que, ouvrant un cycle de violence et de terreur que l'on place communément sous l'égide de Robespierre, des forces politiques violentes sont à nouveau à l'œuvre, il serait temps de liquider pour de bon et avec méthode la société de cour et d'ordres héritée de l'Ancien Régime.

1. France Inter, 12 mai 2017.

La racine de tout, c'est le statut. Il faut combler tous les fossés statutaires qui se sont creusés. Fonction publique, professions réglementées, corporations… Les barrières sont encore si nombreuses. Les grands corps administratifs – notre noblesse d'État – risquent de finir comme l'aristocratie de Louis XVI si on ne les réforme pas d'urgence.

Tout commence par l'école. Elle joue un rôle décisif dans notre pays. Au lieu de surveiller, humilier et contraindre, elle devrait renvoyer l'image d'une société qui valorise le travail collectif, respecte la diversité des talents (qu'ils soient de la tête, de la main ou du cœur, pour reprendre l'expression de David Goodhart) et reconnaisse les vertus de l'échec. Des mesures fondamentales ont déjà été prises, comme le dédoublement des classes de CP, CE1 et CM2 dans les zones d'éducation prioritaire décidé par le ministre de l'Éducation nationale, Jean-Michel Blanquer. Le chantier du siècle s'ouvre devant nous.

Tout se joue au travail. Lors du premier confinement, les médias ont découvert une armée invisible de travailleurs : manutentionnaires, chauffeurs routiers, caissières. Il a fallu cette crise pour que l'on reconnaisse enfin la centralité de leur activité. La logistique, ce sont les vaisseaux sanguins de notre corps social et économique. La France n'est pas peuplée que de bac+ 5 télétravailleurs. Le mérite des gens ne se jauge pas à l'aune du clinquant de leur réussite, fût-elle conquise par les diplômes, mais à leur contribution au bien commun.

Faut-il instaurer des quotas pour remettre en route

l'ascenseur social ? Sur quels critères ? Que l'on commence à rétablir l'égalité des chances. Elle n'est qu'un mot.

La liberté et la responsabilité restent les meilleurs remèdes pour dompter le mépris. La France peut inventer un « libéralisme soutenable », pour reprendre le titre de l'essai important de Claude Gamel, professeur d'économie à Aix-Marseille[1], qui donne ses chances à chacun et bénéficie à tous.

Cette vision repose sur un principe fondamental, ce que Tocqueville avait nommé un « point de départ » : la dispersion la plus large possible du pouvoir, qu'il soit politique ou économique. Elle entraîne « l'égale liberté de travailler ». Et surtout elle doit se fixer pour priorité d'enrichir les « capacités » de chaque Français. Cette notion de « capacité » (*capability*) a été théorisée par le prix Nobel d'économie Amartya Sen. Elle désigne « l'ensemble de modes de vie accessibles et dignes d'être vécus » par un individu. Et cela à tous les âges de la vie : capacité de l'enfant, « au-delà de l'apport éventuel du noyau familial », capacité du jeune majeur, « au-delà du potentiel plus ou moins fort des réseaux personnels dont il dispose », et enfin capacité pour l'adulte de « bifurquer dans son existence ».

Amartya Sen a créé l'indice de développement humain (IDH). Celui-ci prend en compte le PIB (produit intérieur brut) mais aussi l'espérance de vie, le

1. *Esquisse d'un libéralisme soutenable*, PUF, « Génération libre », 2021.

niveau d'éducation, la qualité des soins, l'égalité des sexes. Cet instrument est censé mieux rendre compte du niveau d'épanouissement des individus. Pour évaluer celui des Français, il faudrait pouvoir ajouter une mesure de l'intensité du mépris. Certes, celui-ci n'est pas mesurable, alors qu'il est omniprésent, et ce depuis des siècles. La première révolution pour espérer le juguler serait d'en prendre conscience. La seule ambition de ce livre est de pouvoir y contribuer.

Remerciements

Ce livre doit beaucoup à mon complice Jérôme Béglé. Sa générosité indéfectible a été un précieux soutien dans cette aventure.

Les conseils de Benoît Yvert ont été décisifs.

L'amitié vigilante d'Olivier Frébourg m'a aidé à franchir les obstacles que me tendait l'écriture.

Je remercie enfin mon éditeur Alexandre Wickham de sa patience : vingt ans déjà !

Table

Introduction 11

1. « Reste à ta place ! » 17
2. « Il y avait comme une cascade de mépris… » 22
3. Coronamépris 25
4. Le mépris est un sentiment 30
5. Le rang, cette névrose française 33
6. La France Koh-Lanta 39
7. « Ce métier n'est pas fait pour des gens comme nous » 42

Les monuments de Paris. Première visite : Marcel Gauchet 47

8. La gueule d'un autre 51
9. Le désordre du mérite 57
10. La logique de l'honneur 62
11. Un sentiment d'imposture 66
12. Ces Mozart assassinés 75
13. L'épreuve de la fourchette 78

14. Ils ne voulaient même pas de Giscard sur la photo... 82
15. L'école nationale du mépris (ENM) 90
16. Les morsures de l'aube 97
17. « Sauf le respect que l'on vous doit, on ne veut pas de femmes... » 101
18. « Ta peau est noire, c'est de la merde » 106
19. « Secrétaire de direction, c'est déjà très bien » 111
Les monuments de Paris. Deuxième visite : Nicolas Sarkozy 115
20. « Réfléchir en stratège, agir en primitif » 123
21. Dans la tête des chasseurs (de têtes) 129
22. Paris, nombril du monde 134
23. La fêlure de leur vie 143
24. La gloire de nos mères 145
25. L'ombre du père 150
Les monuments de Paris. Troisième visite : Jacques Attali 155
26. L'art de la niaque 161
27. On réussit toujours trop vite 167
28. « Il vient d'où, celui-là ? » 170
29. Comment stopper un intrus 174
30. La main tendue 177
31. Lettres de noblesse 183
32. Mon bras droit a fait l'ENA ! 186
33. L'ami du bon étage 191
34. L'amour et le hasard, vraiment ? 196

35. « Comment un mec aussi bête peut avoir une Triumph de couleur rouge ? » 201
36. « Ferme-la, prends ton oseille et tire-toi » 206
Les monuments de Paris. Quatrième visite : Laurent Berger 209
37. Si les Ricains n'étaient pas là ! 215
38. Le mépris des méprisés 219
39. « Il faut ôter votre chevalière » 223
Les monuments de Paris. Cinquième visite : Laurence Bloch 229
40. L'art d'avaler les couleuvres 234
41. « Tu sais que ton père était avec le petit pompiste avant » 240
42. Petit manuel de survie à l'usage des goujats et des malpolis 243
43. Le mépris vu de gauche 247
44. Le mépris vu de droite 254
45. « Se déplacer dans un milieu aquatique profond standardisé… » 261
46. Le crime de légèreté 266
47. Vive les génies des pâturages ! 270
Les monuments de Paris. Sixième visite : Jean Tirole 277
48. Tous les sociologues ne sont pas marxistes ! 281
49. Après le mépris de classe, le mépris de race 285
50. Un Arabe ne devrait pas penser ça 291
51. « Les gars qui fument des clopes… » 296
Les monuments de Paris. Septième visite : Jean-Pierre Jouyet 301

52. Les réseaux contre le réseau 306
53. « Le meilleur moyen d'avoir une bonne idée est d'en avoir beaucoup » 311

Épilogue 317
Conclusion 321

Remerciements 325

Composition IGS-CP
Impression CPI Firmin-Didot en septembre 2021
Éditions Albin Michel
22, rue Huyghens, 75014 Paris
www.albin-michel.fr

ISBN : 978-2-226-46111-7
N° d'édition : 24456/03 – N° d'impression : 166415
Dépôt légal : septembre 2021
Imprimé en France